2020年度

中国对外承包工程统计公报

2020 Statistical Bulletin on China International Project Contracting

中华人民共和国商务部
Ministry of Commerce of the People's Republic of China

中国商务出版社
CHINA COMMERCE AND TRADE PRESS

图书在版编目（CIP）数据

2020 年度中国对外承包工程统计公报 / 中华人民共和国商务部编 . -- 北京 : 中国商务出版社 , 2021.7
ISBN 978-7-5103-3865-6

Ⅰ . ① 2… Ⅱ . ①中… Ⅲ . ①对外承包—承包工程—中国— 2020 Ⅳ . ① F752.68-54

中国版本图书馆 CIP 数据核字 (2021) 第 128428 号

2020 年度中国对外承包工程统计公报

2020 Statistical Bulletin on China International Project Contracting

中华人民共和国商务部　编

出　　版：中国商务出版社
地　　址：北京市东城区安外东后巷 28 号　　邮　编：100710
责任部门：融媒事业部（010-64515164　631229517@qq.com）
项目统筹：郭周明　云　天
责任编辑：张永生
总 发 行：中国商务出版社发行部（010-64515164）
网　　址：http://www.cctpress.com
印　　刷：北京印匠彩色印刷有限公司
开　　本：889 毫米 × 1194 毫米　1/16
印　　张：7　　字　数：101 千字
版　　次：2021 年 8 月第 1 版　　印　次：2021 年 8 月第 1 次印刷
书　　号：ISBN 978-7-5103-3865-6
定　　价：150.00 元

凡所购本版图书如有印装质量问题，请与本社总编室联系（电话：010-64212247）

前 言

PREFACE

中国对外承包工程业务自1979年拉开序幕以来，经过40多年取得了长足的发展，已成为中国企业“走出去”参与高质量共建“一带一路”和国际经济合作的重要方式。

中国对外承包工程统计始于1980年，根据业务发展实际和国家统计局对部门统计工作的要求，至今共就《对外承包工程业务统计调查制度》进行了16次修订。长期以来，中国对外承包工程年度统计数据主要通过《中国商务年鉴》《中国统计年鉴》以及商务部网站等发布，未形成对外承包工程数据专项发布载体。

为便于社会公众较为全面地了解中国对外承包工程业务发展情况，不断提升公共服务水平，商务部组织编写了《2020年度中国对外承包工程统计公报》(以下简称《公报》)，首次向社会发布系统性、权威性、专业化的中国对外承包工程业务统计数据。《公报》基于41个年度历史数据，结合国际、国内政治和经济形势，对中国对外承包工程的发展阶段进行了深入梳理，对业务特点进行了归纳总结，并对2020年度中国对外承包工程业务发展进行了重点分析，是商务主管部门多年统计工作的重要成果。今后，此项工作将制度化，敬请垂注。

目 录

CONTENTS

2020年度
中国对外承包工程统计公报

中华人民共和国商务部

对外承包工程是指中国的企业或者其他单位承包境外建设工程项目的活动。作为高质量共建“一带一路”的可视性成果，对外承包工程涉及境外工程投融资、设计咨询、设备采购、建设施工、运营管理等方面，对带动中国产品技术服务“走出去”和深化国际产能合作、促进国内经济转型升级、实现中国与相关国家共赢发展发挥了重要作用。

第一部分

中国对外承包工程业务发展历程

一、1979—1991 年

中国对外承包工程业务起步于 20 世纪 70 年代后期，是在国内国际的一定历史条件下兴起的。从国际环境来看，20 世纪 60 年代世界经济比较稳定，世界经济增速在 7% 左右，经济复苏和建设带动全球投资和资源开发迅速发展，经济发展使发展中国家也具备了进行多种形式国际经济合作的条件。20 世纪 70 年代中期至 80 年代初，国际承包工程市场空前活跃。国际石油价格两次上扬，阿拉伯石油输出国得益于急剧增加的外汇收入，开始兴起大规模的经济开发和建设高潮。由于当地劳动力和技术力量不足，因此吸引了众多的国际承包工程公司和数以百万计的外籍劳务。与此同时，石油输出国组织成员国向部分发展中国家提供了较大规模的官方发展援助，积极推动了国际承包工程市场的繁荣。从国内环境看，党的十一届三中全会以后，在对外开放政策的指引下，对外承包工程成为中国对外经济合作的重要形式。1976—1978 年，中国政府向发展中国家提供经济援助的同时，也应少数友好国家政府的要求，开始帮助其建设一些自筹资金的工程项目，但合同金额较小（累计仅为 220 万美元）。1978 年 11 月，经中共中央、国务院批准，中国成立了第一家对外承包工程企业——中国建筑工程公司（1982 年 6 月更名为中国建筑工程总公司），1979 年中国公路桥梁工程公司和中国土木工程公司相继组建，此外还有原对外经济联络部所属的专门从事国际经济合作的中国成套设备出口公司，四家国有企业以“守约、保质、薄利、重义”为经营原则，率先开展了中国对外承包工程业务。

1979 年，上述四家公司在伊拉克、也门、埃及、索马里、马耳他等国家和地区签订 24 项对外承包工程合同，总金额 3352 万美元，由此揭开了中国对外承包工程业务发展序幕。中国公路桥梁工程公司承揽的伊拉克摩苏尔四桥项目是中国公司中标的首个合同额在3000万美元以上的项目。经过十多年的探索，1991年，经原外经贸部批准从事对外承包工程业务的91家中国企业，当年在全球108个国家（地区）签订对外承包工程合同1171份，总金额25.2亿美元，其中合同额超过5000万美元的国家（地区）有7个，分别是中国香港、巴基斯坦、中国澳门、津巴布韦、印度尼西亚、博茨瓦纳、阿尔及利亚。当年完成营业额19.7亿美元，年末在外承包工程人员2.2万人。

此阶段，为确保每家进入国际市场的中国企业都具备与其经营范围相适应的能力，维护中国公司的国际信誉，只有经过政府业务主管部门批准获得对外承包工程经营权的企业才能开展对外承包工程业务。中国企业按照国际通行做法承揽工程项目，并按照东道国法律规定进行建设。从项目分布的地区看，初步形成了以亚洲、非洲为主要市场的格局。从项目类别看，住房、办公楼、厂房、公路、桥梁、水坝等土木建筑工程居多。对外承包工程业务的开展，为国家赚取了宝贵的外汇，带动了国内货物出口，企业学习了外国先进技术和管理经验，提升了国内建筑业水平。

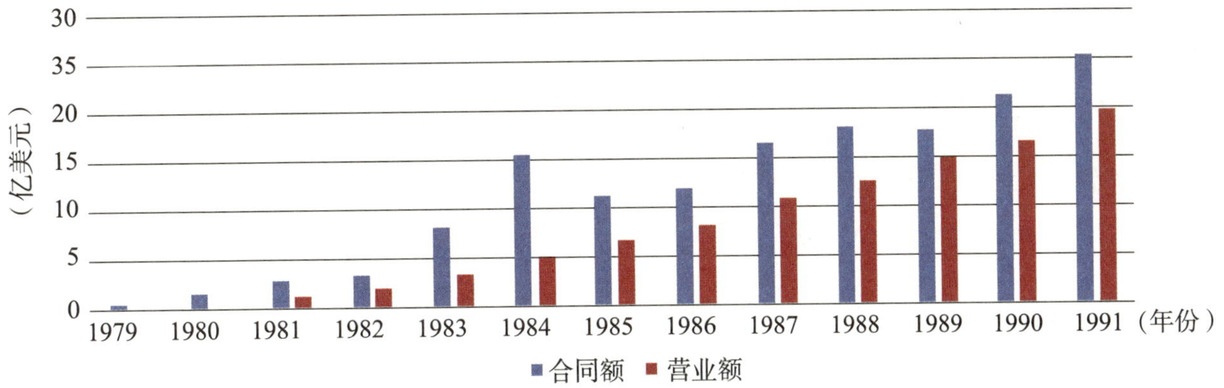

图1-1　1979—1991年中国对外承包工程业务情况

二、1992—2003年

1992年，邓小平同志南方谈话后，中国改革开放进入提速期。对外承包工程企业进一步解放思想，加快改革开放步伐，不失时机调整经营布局，逐步走向实业化、集团化、国际化经营之路。经原外经贸部批准，当年新增 36 家国内大型甲级设计院对外开展设计咨询业务，为推动中国设计咨询国际市场、扩大高层次技术合作、带动国产设备材料出口发挥了重要作用。1992 年底，具有对外承包工程经营权的企业数量增至 211 家；新签对外承包工程合同 1164 份，合同额 52.5 亿美元，同比增长 108%；完成营业额 24 亿美元，同比增长 22%。2000 年，党的十五届五中全会正式提出实施“走出去”的开放战略，为中国对外承包工程业务发展提供了战略层面支撑。同年，国务院办公厅印发《国务院办公厅转发外经贸部等部门关于大力发展对外承包工程意见的通知》（国办发 [2000]32 号），明确发展对外承包工程是贯彻落实“走出去”战略的重要举措。国务院首次转发对外承包工程相关文件，为政府部门和金融机构等各方更好地支持业务发展提供了政策依据，并对中国对外承包工程业务此后的发展产生了深远影响。2001 年，中国加入世贸组织也为企业更深层次、多领域参与国际合作，更好地融入世界经济，提升国际化经营能力和水平创造了有利条件。

1992—2003 年世界经济平均增速为 3.3%，中国经济增速为 10.2%。此阶段中国对外承包工程业务呈现以下特点：一是业务规模和国际影响力不断扩大，但占全球份额依然较小。2003 年，具有对外承包工程经营权的企业数量超过 1500 家，当年对外新签合同额、完成营业额分别为 176.7 亿美元、138.4 亿美元，是 1992 年的 3.4 倍和 5.8 倍；年均增速分别为 11.7% 和 17.3%，2003 年新签上亿美元的对外承包工程项目达到 18 个。2003 年，入围美国《工程新闻纪录》（ENR）全球最大 225 家国际承包商的中国内地企业数量由 1992 年的 5 家增至 43 家。美国标准普尔有关数据显示，2003 年国际工程承包市场规模约 1.2 万亿美元，中国企业业务规模仅占全球份额的 1.5%。二是市场多元化战略初见成效。2003 年，中国对外承包工程业务涉及国别（地区）拓展至 159 个，较 1992 年增加 48 个，特别是在开拓欧洲、北美发达国家市场取得积极进展，合同额分别占到业务规模的 10.3% 和 2%。同时，中国企业在普通房建、交通运输、水利电力等领域的专业优势和国际竞争力日益增强。中国水利电力对外公司与水利水电工程总公司将丰富的国际经验和专业实力相结合，组成联营体以 6.5 亿美元中标苏丹麦洛维大坝工程项目，是当时中国公司规模最大的海外承包工程建设项目。2003 年，中国企业签订的制造加工、石油化工、电子通信类项目分别占到合同额的 9.6%、7.9%、6.7%，较 1992 年相比领域更为广泛。三是承揽方式有所突破，逐步探索带资承包。在此期间，传统承包（即与业主签订的仅是项目施工合同）仍为中国企业承揽项目的主要方式，但随着“走出去”实力的不断提升，积极探索新的承包模式成为业务发展的亮点和增长点。2001 年，中国电力技术进出口公司承揽的柬埔寨基里隆 I 级水电站修复项目合同金额 1943 万美元（经营期 30 年），是中国企业首次以 BOT 方式承揽的境外工程项目。2003 年，中国化学集团公司下属成达工程公司承揽的印度尼西亚巨港电站项目（经营期 20 年），是首个以 BOOT 方式承包的工程项目。中国寰球工程公司签订的越南海防磷酸二铵项目管理承包合同，内容包括项目基础设计、编制招标文件、确定评估标准、选择总承包商等，并对项目进行全过程管理，这是中国企业在海外签订的首例 PMC 合同。四是对外承包工程管理服务体系日渐完善。为推动“走出去”战略的实施，商务部等部门下发《对外承包工程保函风险专项资金管理暂行办法》《对外承包工程项目项下出口设备材料的工作规程》《关于对外承包工程质量安全问题处理的有关规定》等文件，形成了较为完整的政策、服务和监管体系，为中国对外承包工程业务步入快速发展阶段打下坚实基础。

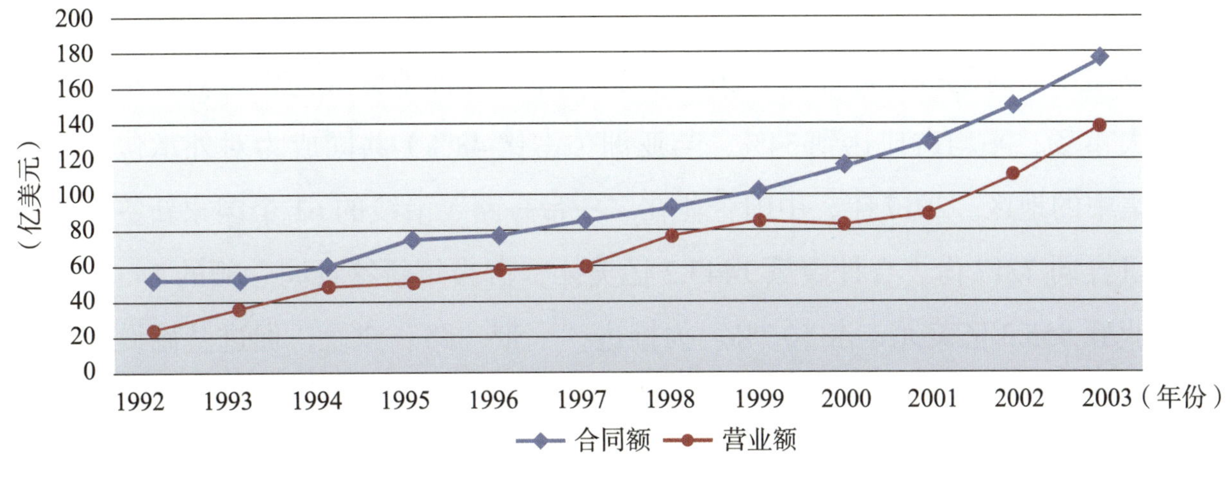

图 1-2　1992—2003 年中国对外承包工程业务情况

三、2004—2017 年

2004 年，世界经济增速达到 5.4%，创 20 年来最高值，全球建筑工程市场资金投入呈快速增长趋势。2004 年，中国对外承包工程新签合同额首次突破 200 亿美元大关，此后直至 2017 年，对外承包工程业务发展步入快速增长期。在此期间，国际承包商并购重组活动频繁，承包方式发生深刻变革，传统承包方式快速向总承包方式转变，EPC、PMC 等一揽子的交钥匙工程模式以及 BOT、PPP 等带资承包方式在国际工程承包市场普遍流行，承包商融资能力不断加强。

2004—2017 年，中国对外承包工程新签合同额成功实现两级跳，即 4 年跨上千亿美元台阶，再历经 7 年时间（2015 年）跃至 2000 亿美元，年均增速高达 20.4%。2017 年，中国企业新签对外承包工程合同 22774 份，合同额 2652.8 亿美元，是 2004 年的 11 倍，达到历史峰值；完成营业额 1685.9 亿美元，是 2004 年的 9.7 倍。此阶段中国对外承包工程主要呈以下特点：一是大项目持续增多，承包方式不断创新。从新签上亿美元的项目数量看，由 2004 年的 30 个增至 2017 年的 436 个，单项最大合同金额由 8.36 亿美元升至 109.8 亿美元。大项目增多促使承包模式转变，EPC、EPC＋F、PMC、BOT、BOOT、BOO、PPP 等多种承包方式成为主旋律。二是八成业务集中在亚洲、非洲市场，半数聚焦“一带一路”沿线国家。中国企业以推动非洲工业化进程为切入点，积极参与当地高速公路、铁路、港口、机场、物流枢纽中心等基础设施建设。2008—2017 年，非洲地区成为中国对外承包工程第二大市场，平均占比达到 34%，与亚洲（占比 48%）共同成为对外承包工程业务最集中的地区。2017 年，中国企业在“一带一路”沿线的 61 个国家新签承包工程项目合同 7217 份，合计金额 1443.2 亿美元，占当年新签合同总额的 54.4%，完成营业额 855.3 亿美元，占 50.7%。为推进“一带一路”建设，促进基础设施建设和互联互通作出了重要贡献。三是形成以交通运输、一般建筑、电力工程、石油化工、电子通信建设为主的五大优势领域。2008—2017 年，五类优势领域在承包工程业务中的平均占比高达 83%，其中交通运输占 23.1%，一般建筑占 20.6%，电力工程占 18.4%，石油化工占 11.5%，通信工程占 9.4%。此时期，正值中国企业对外投资采矿业活跃期，积极参与境外矿山相关基础设施建设亦成为中国对外承包工程业务发展的亮点。四是对外承包工程相关体系建设更加完善。2008 年 7 月 21 日，时任国务院总理温家宝签署中华人民共和国国务院令第 527 号，《对外承包工程管理条例》于 2008 年 9 月 1 日起实施，对外承包工程业务正式纳入法制化管理轨道。商务部等部门积极完善配套措施，陆续出台《对外承包工程项目投标（议标）许可暂行办法》《对外承包工程违法违规行为行政处罚规定》《对外承包工程行业社会责任指引》等文件，中国对外承包工程的监督管理体系、政策支持体系和服务保障体系日益完善，为该项业务快速健康发展提供了政策保障。五是中国企业国际竞争力不断提升。2018 年，美国《工程新闻纪录》（ENR）发布“全球最大 250 家国际承包商”（按 2017 年国际营业额）排名中，有 69 家中国内地企业进入榜单，国际业务营业额 1141 亿美元，占上榜企业的 23.7%，并在交通运输、石油化工、一般建筑、电力工程等重点行业表现不俗。入围中国内地企业中，中国交通建设股份有限公司以 231 亿美元位居第三，中国建筑股份有限公司以 139.7 亿美元位列第八、中国电力建设股份有限公司 122.4 亿美元列第十位。六是对外承包工程双赢效果显著。2013—2017 年，对外承包工程累计带动国内货物出口近 800 亿美元，累计派出工程项下劳务人员 147.3 万人，其中部分劳务人员来自国家、省级贫困县，为中国扶贫攻坚作出了贡献。此外，中国对外承包工程业务超八成为基础设施

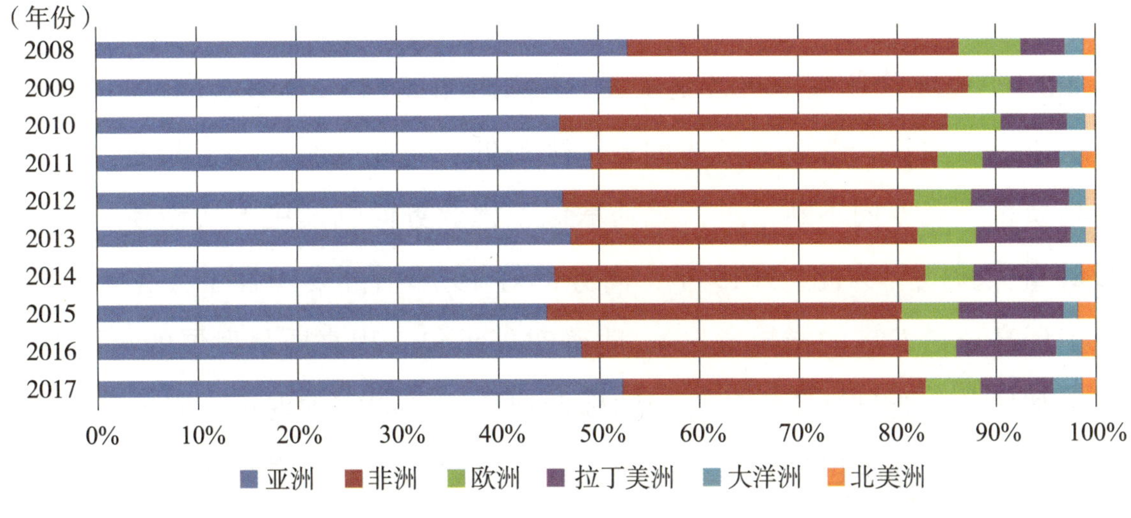

图 1-3　2008—2017 年中国对外承包工程完成营业额洲别分布情况

类建设项目，年均为东道国提供超过 70 万个就业岗位，为当地和社会经济发展作出了积极贡献。

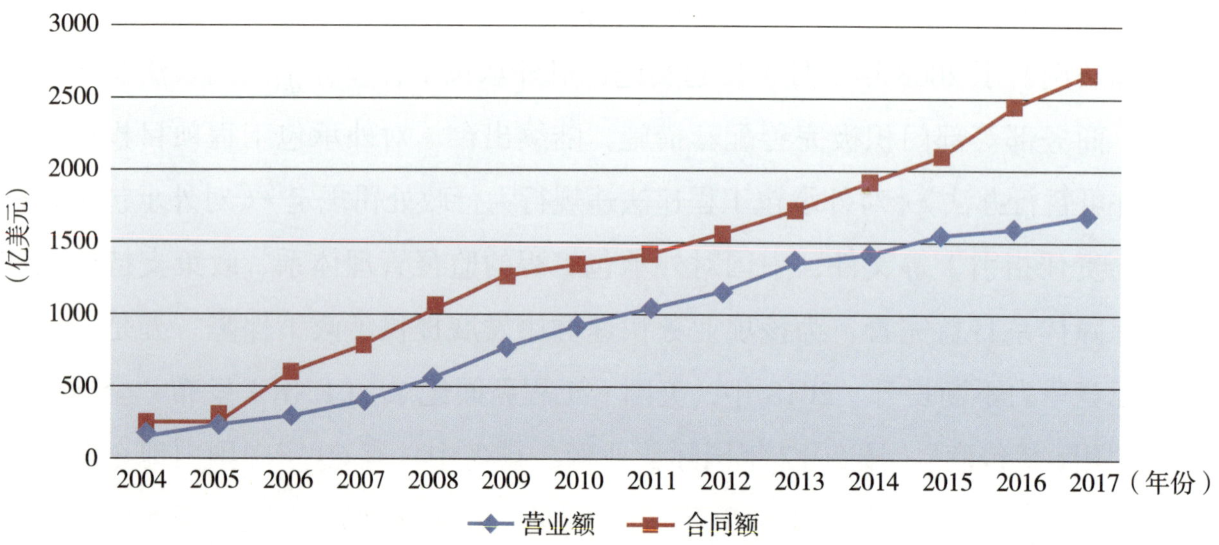

图 1-4　2004—2017 年中国对外承包工程业务情况

四、2018 年至今

2018 年，世界经济增速为 3.6%，较上年下降 0.3%。全球货物贸易增速放缓，外国直接投资连续三年下降。中国对外承包工程主要市场区域经济低迷，国际石油价格持续走低，部分财政高度依赖石油的国家收入严重减少，基础设施投资锐减，石油化工领域项目建设放缓。当年对外承包工程业务新签合同额 2418 亿美元，同比下降 8.8%；完成营业额 1690.4 亿美元，同比增长 0.3%。新签合同额自 1993 年以来首次出现负增长，营业额增速创近年来最低。与此同时，随着共建“一带一路”向高质量发展方向不断推进，对外承包工程业务面临发展方式创新、业务转型升级等重大挑战。为此，2019 年，商务部等 19 部门部委印发了《关于促进对外承包工程高质量发展的指导意见》，明确对外承包工程高质量发展的重要意义、主要目标和任务，通过更紧密的部门间横向协作，共同完善促进、服务和保障等方面措施，推动对外承包工程持续健康发展，更好地服务国家经济社会发展和对外开放大局，有效促进项目所在地和世界经济发展。2019 年，中国企业在 177 个国家和地区签订对外承包工程合同 11932 份，合同额 2602.5 亿美元，较上年增长 7.6%，完成营业额 1729 亿美元，同比增长 2.3%。

表 1–1　2004—2020 年中国对外承包工程新签合同额上亿美元项目情况

年份	项目数量（个）	单项合同最大金额（亿美元）
2004	30	8.4
2005	49	9.0
2006	96	83.0
2007	138	35.4
2008	195	32.9
2009	240	75.0
2010	261	48.0
2011	266	45.0
2012	329	21.9
2013	392	28.3
2014	365	119.7
2015	434	45.3
2016	482	27.0
2017	436	109.8
2018	467	66.8
2019	506	134.0
2020	514	49.3

第二部分

2020年中国对外承包工程业务概况

2020 年是新中国史上极不平凡的一年，面对严峻复杂的国际形势、艰巨繁重的国内改革发展稳定任务，特别是新型冠状病毒肺炎疫情的严重冲击，以习近平同志为核心的党中央及时作出了统筹疫情防控和经济社会发展的重大决策。商务部等有关部门按照党中央、国务院决策部署，紧密围绕构建新发展格局，统筹推进境外企业项目人员疫情防控和对外投资合作改革发展，推动对外承包工程业务实现平稳发展。商务部统计显示，2020 年，中国企业共在 184 个国家（地区）开展对外承包工程业务，当年签订合同 9933 份，合同额 2555.4 亿美元，同比下降 1.8%；完成营业额 1559.4 亿美元，同比下降 9.8%。

一、洲别分布情况

2020 年，新型冠状病毒肺炎疫情全球大流行，给世界经济带来严重冲击。国际货币基金组织数据显示，2020 年世界经济萎缩 3.3%，发达经济体下降 4.7%，其中美国下降 3.5%，欧元区下降 6.6%；发展中经济体下降 2.2%，总体好于发达经济体。其中印度下降 8%，俄罗斯联邦下降 3.1%，巴西下降 4.1%；中国增长 2.3%，是主要经济体中唯一实现正增长的国家。与此同时，全球外国直接投资较上年减少 38%，创 2005 年以来新低，世界贸易规模萎缩 8.5%，国际承包工程市场发包额大幅减少。

2020 年，中国对外承包工程业务的八成以上仍集中在亚洲和非洲地区。从新签合同额的洲别分布看，亚洲 1429.7 亿美元，同比增长 1.3%，占当年新签合同总额的 56%；非洲 679 亿美元，占 26.6%；欧洲 208.9 亿美元，占 8.2%；拉丁美洲 148.4 亿美元，占 5.8%；大洋洲 78 亿美元，占 3%；北美洲 11.4 亿美元，占 0.4%。从完成营业额的洲别分布看，亚洲 891.4 亿美元，同比下降 9.2%，占当年完成营业额的 57.2%；非洲 383.3 亿美元，下降 16.7%，占 24.6%；欧洲 139.6 亿美元，增长 31.4%，占 8.9%；拉丁美洲 78.9 亿美元，下降 32.2%，占 5.1%；大洋洲 51.5 亿美元，下降 1.1%，占 3.3%；北美洲 14.7 亿美元，增长 15.4%，占 0.9%。对外承包工程完成营业额前十位的国家（地区）是：阿位伯联合酋长国、中国香港、巴基斯坦、印度尼西亚、马来西亚、沙特阿拉伯、孟加拉国、阿尔及利亚、俄罗斯联邦、澳大利亚。

2020 年，中国企业在“一带一路”沿线的 61 个国家新签对外承包工程项目合同 5611 份，新签合同额 1414.6 亿美元，占同期中国对外承包工程新签合同总额的 55.4%，同比下降 8.7%；完成营业额 911.2 亿美元，占同期总额的 58.4%，同比下降 7%。

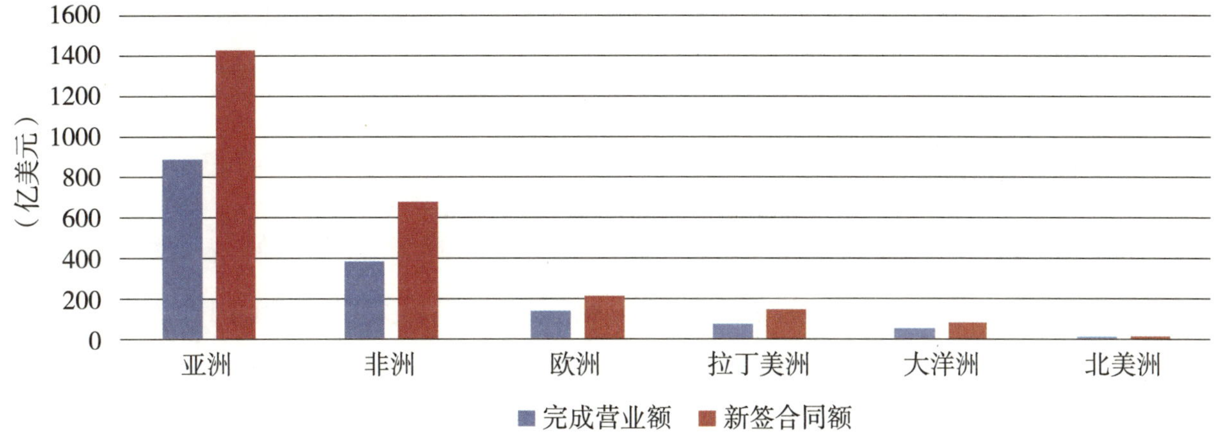

图 2-1　2020 年中国对外承包工程业务洲别分布情况

二、行业分布情况

2020 年，中国对外承包工程业务行业分布广泛，其中交通运输建设、一般建筑、电力工程、石油化工等领域继续保持优势。

表 2-1　2020 年中国对外承包工程业务分布的主要行业

行业类别	新签合同额（亿美元）			完成营业额（亿美元）		
	金额	同比（%）	比重（%）	金额	同比（%）	比重（%）
一般建筑	640.1	37.9	25	297.4	−15.9	19.1
交通运输建设	633.3	−9.4	24.8	403.1	−14.4	25.8
电力工程建设	507.3	−7.5	19.9	306.4	−6.7	19.6
石油化工	190.8	−36.6	7.5	154.9	−1.8	9.9
通信工程建设	159.7	−33.6	6.2	147.5	−2.5	9.5
工业建设	139.1	66.8	5.4	60.1	−20.9	3.9
水利建设	85	17.9	3.3	56.5	−7.3	3.6
废水（物）处理	40	218.7	1.6	8.4	35.5	0.5
制造加工设施建设	32	−18.4	1.3	25.9	−41.2	1.7
其他	128.1	9.1	5	99.2	25.1	6.4
合计	2555.4	−1.8	100	1559.4	−9.8	100

（一）一般建筑

一般建筑包括中国企业承建的民用、商用和公用建筑类基础设施建设项目。2020 年，中国企业在 158 个国家（地区）新签一般建筑类项目合同 1352 份，新签合同额 640.1 亿美元，同比增长 37.9%，占当年新签合同总额的四分之一，是合同金额最大的领域；完成营业额 297.4 亿美元，占 19.1%。从一般建筑类项目构成看，民用多户单元住宅类项目新签合同 356 份，累计合同额 302.5 亿美元（占 47.3%）；完成营业额 82.6 亿美元（占 27.8%），是中国企业最早涉足且份额较大的具体领域之一。商务建筑类（包括用于商业活动类的商场、市场及商用办公楼等）项目当年新签合同 274 份，累计合同金额 133.2 亿美元（占 20.8%）；完成营业额 81.3 亿美元（占 27.3%）。当年新签涉及卫生保健机构、教育用设施、体育设施等公共文化类基础设施类建设项目 255 份，累计合同金额 71 亿美元（占 11.1%）；完成营业额 47 亿美元（占 15.8%）。

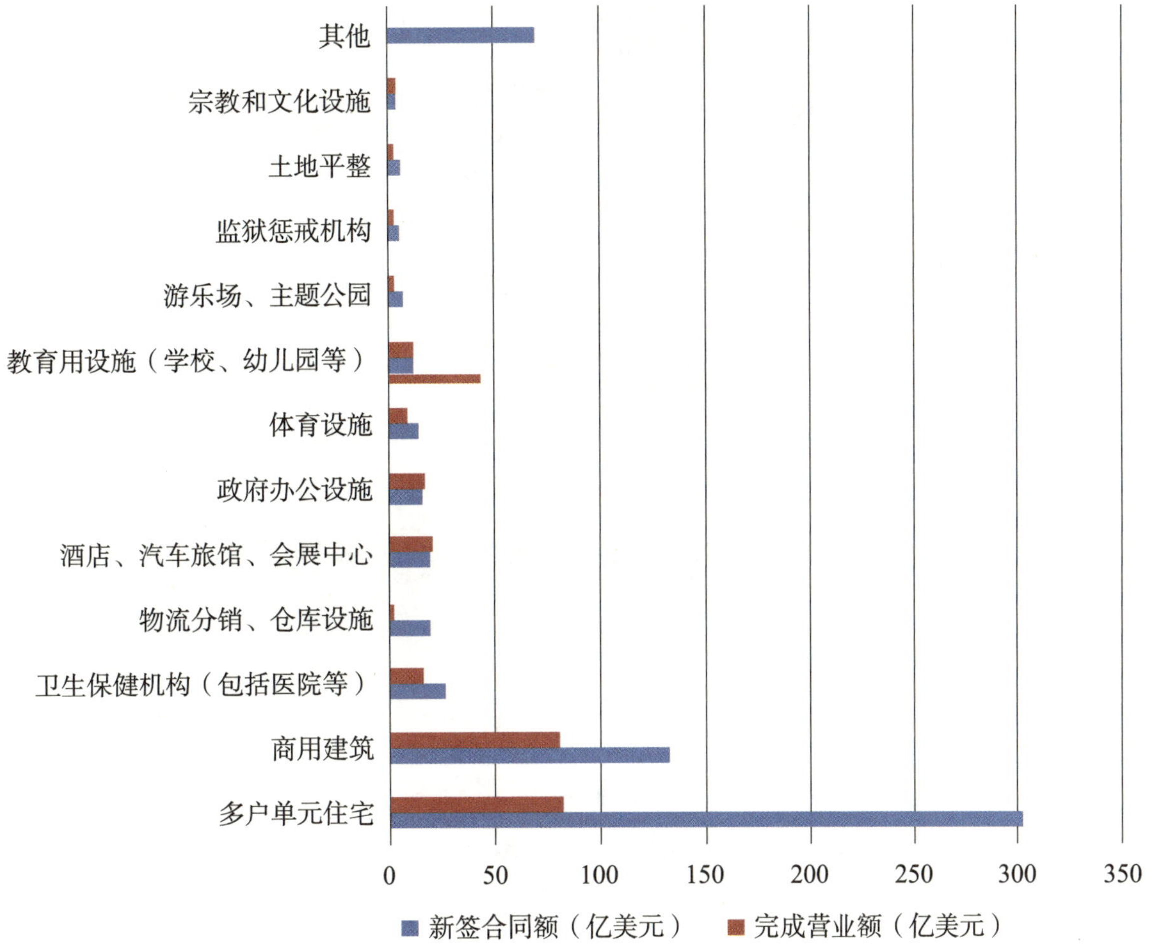

图 2-2　2020 年中国对外承包一般建筑类项目情况

（二）交通运输建设

交通运输建设包括中国企业承建的公路、桥梁、机场、铁路、港口等交通运输类建设项目。2020 年，中国企业在 151 个国家（地区）新签交通运输类项目合同 971 份，新签合同额 633.3 亿美元，同比下降 9.4%，占当年新签合同总额 24.8%；完成营业额 403.1 亿美元，占 25.8%，是当年对外承包工程完成营业额最大的领域。从完成营业额的构成看，公路类项目 154.9 亿美元，占 38.4%；铁路类（含地铁、轻轨及相关公共枢纽）项目 123.7 亿美元，占 30.7%；港口及港口设施建设 37.1 亿美元，占 9.2%；机场类项目 27.1 亿美元，占 6.7%；桥梁 22.2 亿美元，占 5.5%。

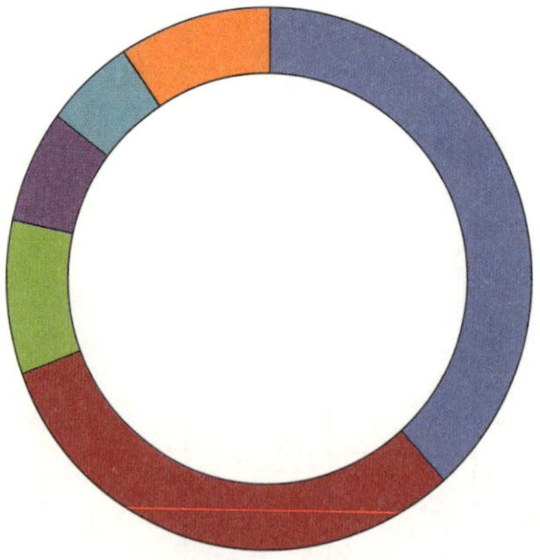

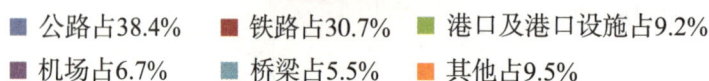

图 2-3　2020 年中国对外承包交通运输类项目完成营业额构成

（三）电力工程建设

电力工程建设包括中国企业承建的化石燃料电厂、核电站、水电站、热电联产电厂、风力发电站、太阳能发电站、输配电工程和电站运营维护等建设项目。2020 年，中国企业在 143 个国家（地区）新签电力工程类项目合同 1504 份，新签合同额 507.3 亿美元，同比下降 7.5%，占新签合同总额 19.9%；完成营业额 306.4 亿美元，占 19.6%。其中当年新签绿色环保类（水电、太阳能电站、风电、核电）电力工程建设项目合同 280 份，累计合同金额 201 亿美元，占 39.6%；输配工程、热电联电厂电站运营合同额 50.2 亿美元，占 9.9%。

（四）石油化工

石油化工包括中国企业承建的炼油厂和石化厂、油气管线、海上石油平台建设以及相关服务运转等项目。2020 年，中国企业在 84 个国家（地区）新签石油化工类项目合同 788 份，新签合同额 190.8 亿美元，同比下降 36.6%，占新签合同总额 7.5%；完成营业额 154.9 亿美元，占 9.9%。

（五）通信工程建设

通信工程建设包括中国企业承建的通信线路和设备安装、数据和网络中心建设、通信传送架与设施的施工、广播电视转播塔施工等。2020 年，中国企业在 96 个国家（地区）新签通信工程建设类项目合同 1350 份，新签合同额 159.7 亿美元，同比下降 33.6%，占新签合同总额 6.2%；完成营业额 147.5 亿美元，占 9.5%。

（六）工业建设

工业建设包括中国企业承建的钢铁和有色金属加工厂、化学品厂、非金属矿物制品厂、食品和饮料加工厂、制药厂等项目的建设。2020 年，中国企业在 99 个国家（地区）新签工业建设类项目合同 1623 份，新签合同额 139.1 亿美元，同比增长 66.8%，占新签合同总额 5.4%；完成营业额 60.1 亿美元，占 3.9%。

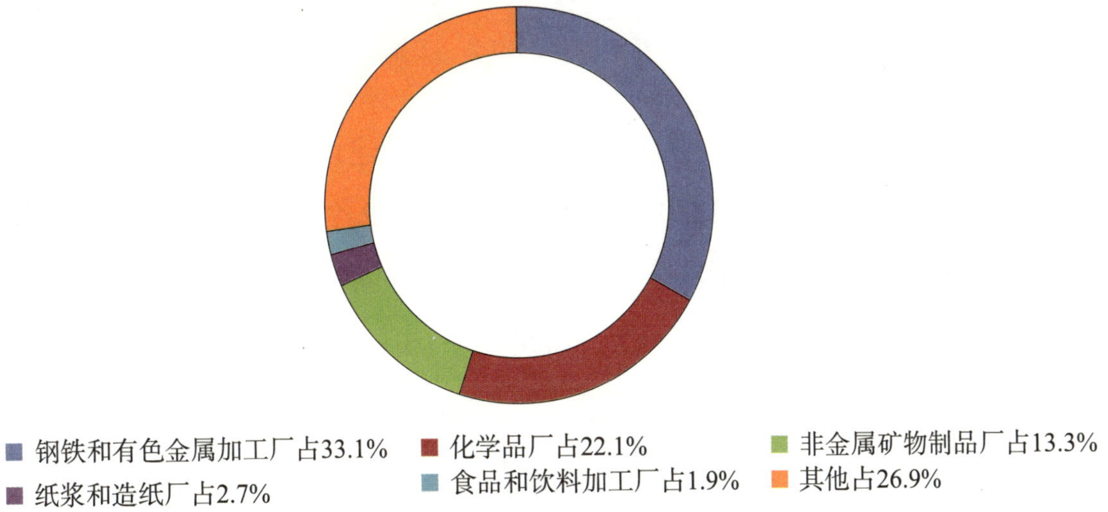

图 2-4　2020 年中国对外承包工业建设类项目新签合同额构成

（七）水利建设

水利建设包括中国企业承建的水处理和海水淡化厂、供水管线和沟渠、水坝和水库、防洪堤坝和海堤等建设以及打井工程。2020 年，中国企业在 102 个国家（地区）新签水利建设类项目合同 291 份，新签合同额 85 亿美元，同比增长 17.9%，占新签合同总额 3.3%；完成营业额 56.5 亿美元，占 3.6%。

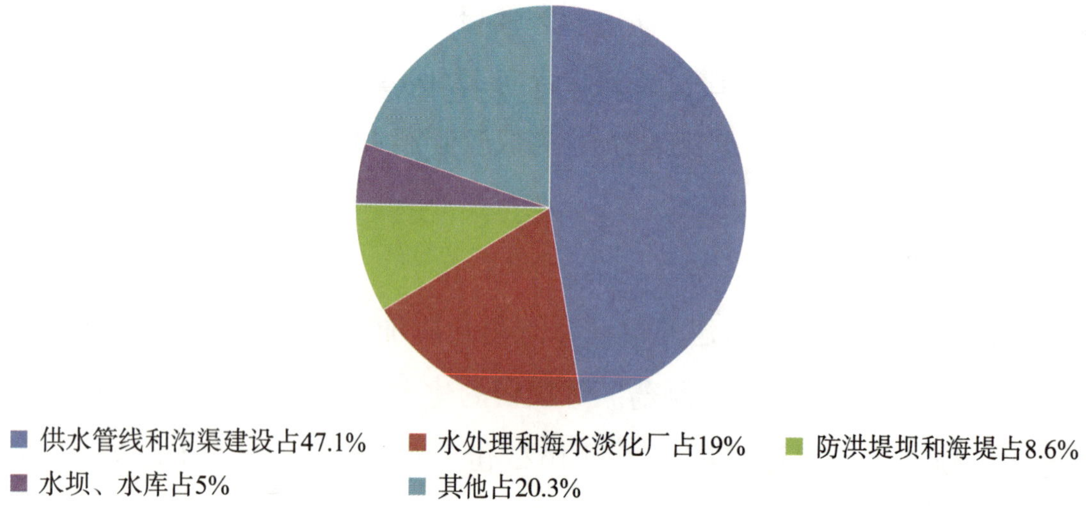

图 2-5　2020 年中国对外承包水利建设类项目新签合同额构成

（八）废水（物）处理

废水（物）处理包括中国企业承建的污水处理厂建设、卫生间和下水管道处理、固体废弃物处理等项目。2020 年，中国企业在 52 个国家（地区）新签废水（物）处理类项目合同 42 份，新签合同额 40 亿美元，同比增长 218.7%，占新签合同总额 1.6%；完成营业额 8.4 亿美元，占 0.5%。

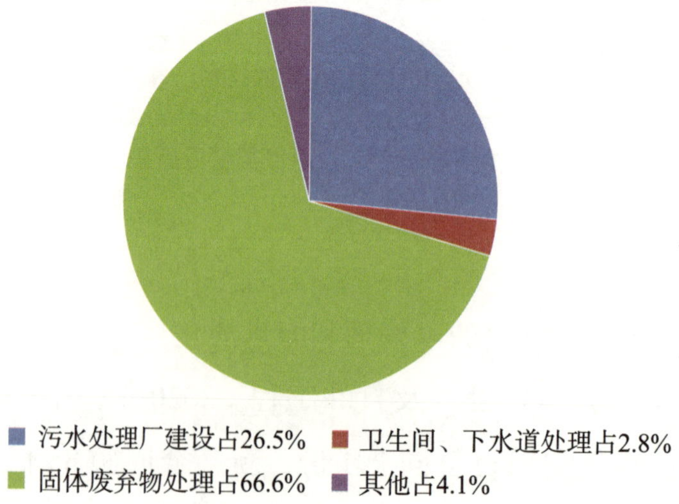

图 2-6　2020 年中国对外承包废水（物）处理项目新签合同额构成

（九）制造加工设施建设

制造加工设施建设包括中国企业承建的汽车装配和零部件制造厂、半导体制造厂、电子装配厂等项目的施工建设。2020 年，中国企业在 89 个国家（地区）新签制造加工设施建设类项目合同 742 份，新签合同额 32 亿美元，同比下降 18.4%，占新签合同总额 1.3%；完成营业额 25.9 亿美元，占 1.7%。

（十）其他

其他包括中国企业承建的与采矿业相关的地质勘查、矿山工程建设以及其他工程建设项目。2020 年，中国企业涉及其他类对外承包工程新签合同额 128.1 亿美元，同比增长 9.1%，占新签合同总额 5%；完成营业额 99.2 亿美元，占 6.4%。其中矿山建设类项目新签合同额 35.8 亿美元，占 28%。

三、省市区分布情况

2020 年，在京中央企业新签对外承包合同 2127 份，新签合同金额 1354.4 亿美元，同比增长 22.6%, 占当年新签合同总额的 53%；完成营业额 597.6 亿美元，同比下降 7%, 占当年完成营业总额的 38.3%。地方企业（含在地方的中央企业）新签对外承包工程合同 7806 份，新签合同金额 1201 亿美元，同比下降 19.8%，占 47%；完成营业额 961.8 亿美元，同比下降 11.5%，占 61.7%。其中东部地区合计新签对外承包工程合同 5760 份，累计合同金额 651.5 亿美元，同比下降 23.4%，占地方的 54.2%；完成营业额 608.3 亿美元，同比下降 8.9%，占地方的 63.2%。中部地区合计新签对外承包工程合同 1280 份，累计合同金额 359.1 亿美元，同比增长 18%，占地方的 30%；完成营业额 198.7 亿美元，同比下降 13.8%，占地方的 20.7%。西部地区合计新签对外承包工程合同 570 份，累计合同金额 147 亿美元，同比下降 47.3%，占地方的 12.2%；完成营业额 126.2 亿美元，同比下降 17.7%，占地方的 13.1%。东北三省合计新签对外承包工程合同 196 份，累计合同金额 43.4 亿美元，同比下降 31.9%，占地方的 3.6%；完成营业额 28.6 亿美元，同比下降 19.4%，占地方的 3%。广东新签合同额 187.3 亿美元，位列地方之首，湖北和山东分列第二、三位；完成营业额前十位的省市分别是：广东、上海、山东、浙江、湖北、江苏、天津、四川、江西和北京。

四、新签大项目情况

2020 年，中国企业对外承包工程新签合同额在 5000 万美元以上的项目 904 个（较上年同期增加 10 个），合计 2158.5 亿美元，占新签合同总额的 84.5%。其中上亿美元项目 514 个，较上年增加 8 个，无上百亿美元特大项目。新签合同额较大的承包工程项目有：中国铁建股份有限公司承揽的泰国东部经济走廊（EEC）连接 3 个机场高速铁路项目（合同额 49.3 亿美元），中国铁建国际集团有限公司承揽的科特迪瓦阿比让 5 万套住房建设项目（合同额 40.8 亿美元），中国土木工程集团有限公司承揽的加纳保障房二期 8 万套保障房项目（合同额 37.7 亿美元），中国港湾工程有限责任公司承揽的缅甸仰光内环高架路项目一期工程（合同额 32.4 亿美元）等。

五、企业情况

2020 年，有 1067 家中国企业的对外承包工程活动纳入商务部统计，其中在京中央企业（包括在京下属企业）89 家，占 8.3%；地方企业（包括在地方的中央地企业）978 家，占 91.7%。大型骨干企业在对外承包工程业务中作用突出。

从 2020 年中国对外承包工程新签合同额前 100 家企业情况看，累计合同金额 2368.4 亿美元，占全年业务规模的 92.7%。其中，新签合同规模上百亿美元的企业有 8 家，分别是中国水电建设集团国际工程有限公司（285.8 亿美元）、中国建筑集团有限公司（255.1 亿美元）、中国铁建股份有限公司（251.1 亿美元）、中国港湾工程有限责任公司（154.4 亿美元）、中国土木工程集团有限公司（150.4 亿美元）、华为技术有限公司（123.4 亿美元）、中国中铁股份有限公司（118.4 亿美元）、中国葛洲坝集团股份有限公司（118 亿美元）。

从 2020 年中国对外承包工程完成营业额前 100 家企业情况看，累计营业额 1233.6 亿美元，占全年业务规模的 79.1%。其中完成营业额在 10 亿美元以上的企业有 26 家，20 亿美元以上的有 12 家，分别是华为技术有限公司（122.5 亿美元）、中国建筑集团有限公司（107.6 亿美元）、中国中铁股份有限公司（71.1 亿美元）、中国铁建股份有限公司（63 亿美元）、中国水电建设集团国际工程有限公司（55.7 亿美元）、中国港湾工程有限责任公司（53.8 亿美元）、中国交通建设股份有限公司（49.5 亿美元）、中国化学工程股份有限公司（42.2 亿美元）、中国路桥工程有限责任公司（38.2 亿美元）、中国石油工程建设有限公司（22.3 亿美元）、中国葛洲坝集团股份有限公司（21 亿美元）、中国土木工程集团有限公司（20.6 亿美元）。

2020 年，有 74 家中国企业入围美国《工程新闻纪录》（ENR）“全球最大 250 家国际承包商”，占 29.6%。其中中国交通建设集团有限公司、中国电力建设集团有限公司、中国建筑股份有限公司进入 10 强榜单。

表 2-2　2008—2020 年中国企业入选美国《工程新闻纪录》（ENR）“全球最大 250 家国际承包商”情况

年份	入选企业数量（家）	占比 (%)
2008	51	22.7
2009	50	22.2
2010	54	24.0
2011	50	22.2
2012	52	23.1
2013	55	22.0
2014	62	24.8
2015	65	26.0
2016	65	26.0
2017	65	26.0
2018	69	27.6
2019	75	30.0
2020	74	29.6

注：1. 入选企业数量为按上年度国际业务营业额排名。

2. 2013 年以前发布为全球最大 225 家国际承包商排名，以后调整为 250 家。

第三部分

附表

附表 1　1979—2020 年中国对外承包工程历年新签合同额、完成营业额统计表

单位：亿美元

年份	新签合同额	完成营业额
1979	0.33	—
1980	1.40	—
1981	2.76	1.23
1982	3.46	1.89
1983	7.99	3.16
1984	15.38	4.94
1985	11.16	6.63
1986	11.89	8.19
1987	16.48	10.73
1988	18.13	12.53
1989	17.81	14.84
1990	21.25	16.44
1991	25.24	19.70
1992	52.51	24.03
1993	51.89	36.69
1994	60.28	48.83
1995	76.65	52.41
1996	79.93	59.85
1997	88.07	62.18
1998	93.83	78.58
1999	103.70	86.12
2000	119.52	85.13
2001	131.27	89.62
2002	151.37	112.80
2003	178.40	139.22
2004	241.95	176.15
2005	299.68	219.90
2006	664.16	303.21
2007	786.32	411.26
2008	1,054.51	570.59
2009	1,262.10	777.06
2010	1,343.67	921.70
2011	1,423.32	1,034.24
2012	1,565.29	1,165.97
2013	1,716.29	1,371.43
2014	1,917.56	1,424.11
2015	2,100.74	1,540.74
2016	2,440.10	1,594.17
2017	2,652.76	1,685.87
2018	2,418.04	1,690.44
2019	2,602.45	1,729.01
2020	2,555.36	1,559.35

附表 2　2008—2020 年中国对外承包工程新签合同额分国家（地区）统计表

单位：万美元

年份	2008	2009	2010	2011	2012	2013	2014	2015	2016	2017	2018	2019	2020
合计	**10,545,051**	**12,620,961**	**13,436,696**	**14,233,229**	**15,652,922**	**17,162,946**	**19,175,640**	**21,007,431**	**24,401,009**	**26,527,599**	**24,180,445**	**26,024,542**	**25,553,561**
亚洲	**5,317,510**	**6,217,001**	**7,109,011**	**6,968,899**	**6,522,119**	**7,091,496**	**8,421,786**	**8,974,539**	**12,266,711**	**14,366,594**	**11,935,123**	**14,112,792**	**14,297,668**
其中：阿富汗	1,200	22,008	544	6,315	17,478	8,036	43	3,987	2,721	35,522	47	4,110	10,633
阿拉伯联合酋长国	616,050	290,804	207,510	105,577	112,673	149,114	189,378	184,526	504,686	499,300	764,138	662,390	610,119
阿曼	50,269	103,038	12,040	25,590	29,013	25,596	33,255	81,475	81,895	115,240	91,874	19,800	75,859
巴基斯坦	321,464	195,366	137,714	309,571	234,785	545,554	255,013	1,217,954	1,158,425	1,075,464	432,128	706,300	636,957
东帝汶	352	36,689	4,075	5,926	1,683	27	35,840	44,051	29,475	32,450	6,651	101,131	3,846
菲律宾	36,843	274,728	153,546	62,379	101,813	109,327	143,584	281,088	298,259	368,574	308,923	624,058	959,723
哈萨克斯坦	175,535	175,553	239,655	258,468	212,795	213,727	275,332	261,303	341,080	234,843	436,004	535,712	162,774
韩国	24,106	15,860	19,001	20,004	19,422	192,383	29,428	27,734	77,482	137,237	78,732	82,649	75,121
吉尔吉斯斯坦	17,768	51,547	15,358	7,167	15,018	112,321	40,069	45,143	46,139	31,700	9,377	3,535	15,250
柬埔寨	34,050	132,440	134,365	50,467	295,579	110,865	141,059	141,819	213,348	330,058	288,064	557,610	662,194
卡塔尔	100,515	64,839	82,975	190,517	44,090	103,151	79,674	112,367	26,799	43,595	19,890	52,999	59,968
科威特	47,655	80,783	144,087	155,334	176,937	86,463	101,584	201,400	408,281	360,682	220,575	103,831	42,489
老挝	42,423	97,172	83,457	300,054	192,062	292,380	368,985	516,002	671,193	521,086	241,765	215,527	263,443
马尔代夫	3,873	3,068	7,168	1,630	16,013	1,915	6,825	45,431	85,097	124,873	139,388	41,137	36,688
马来西亚	59,156	188,015	169,055	296,439	361,464	246,760	432,505	719,767	1,123,745	2,485,305	934,931	733,104	533,098
蒙古	81,356	44,690	142,562	84,011	339,674	140,379	69,050	96,668	359,428	59,571	259,340	405,644	239,278
孟加拉国	32,236	14,990	133,829	58,615	260,758	124,214	381,034	494,934	747,852	1,042,051	911,153	1,348,362	1,317,370
缅甸	65,869	100,874	349,435	370,243	180,229	91,930	121,210	198,075	280,751	198,901	276,629	630,710	540,983
尼泊尔	9,794	21,052	24,090	23,299	16,255	27,186	89,631	26,188	29,792	89,893	90,876	102,554	186,772

附表 2 续 1

单位：万美元

年份	2008	2009	2010	2011	2012	2013	2014	2015	2016	2017	2018	2019	2020
日本	19,050	15,009	22,857	27,962	49,407	37,951	28,832	41,295	37,867	33,768	41,816	42,486	43,663
沙特阿拉伯	352,630	590,926	662,743	451,254	398,830	637,517	946,836	607,221	502,886	292,833	672,538	1,128,667	768,051
斯里兰卡	36,494	107,042	255,909	152,563	104,744	211,264	279,817	158,776	249,915	174,738	362,692	278,608	104,279
塔吉克斯坦	15,358	74,384	11,713	16,886	13,452	44,793	76,339	59,693	37,541	35,396	199,248	41,344	50,866
泰国	30,856	71,439	72,513	171,661	79,144	227,860	177,676	396,516	384,303	372,566	286,270	332,860	966,819
土耳其	193,953	30,972	266,071	258,679	85,705	92,185	177,611	316,481	65,524	82,785	115,582	134,195	459,917
土库曼斯坦	111,724	90,936	368,822	77,496	84,651	111,320	423,262	29,710	45,012	12,431	32,319	17,726	45,680
文莱	66	529	14,241	19,952	765	1,738	1,541	78,969	3,717	141,130	49,030	13,289	19,718
乌兹别克斯坦	98,535	58,462	58,460	70,875	67,557	104,798	87,777	26,353	106,385	41,151	111,062	118,320	277,053
新加坡	222,192	193,330	205,105	229,331	206,473	385,203	379,931	167,915	246,808	351,710	279,433	506,046	477,605
伊拉克	16,253	127,669	172,055	196,622	364,101	524,620	638,416	288,969	552,858	590,619	297,910	538,670	507,211
以色列	750	6,915	79	19,512	28	401	103,759	16,609	85,074	40,004	172,305	138,642	195,682
印度	1,287,346	695,124	1,017,482	1,406,451	452,169	226,854	156,706	181,141	223,727	257,606	288,953	517,278	228,346
印度尼西亚	335,106	181,378	868,315	342,264	480,247	678,239	518,776	739,948	1,072,546	1,720,404	1,140,369	1,408,053	1,192,314
约旦	27,835	47,594	5,989	26	2,014	7,897	1,620	4,285	933	207,066	15,510	2,069	2,211
越南	305,861	448,557	440,557	303,007	385,400	280,212	380,505	346,410	378,870	609,764	666,610	439,110	494,758
中国澳门	89,082	28,065	116,920	81,560	75,110	86,567	191,429	182,924	110,068	214,892	94,782	336,934	309,261
中国台湾省	5,794	14,178	5,931	4,961	3,639	9,030	5,831	8,991	4,265	6,379	8,058	6,037	26,972
中国香港	160,714	293,050	294,065	449,436	540,277	337,529	312,445	465,270	792,647	892,373	901,503	805,556	1,554,882
非洲	**3,943,217**	**4,361,402**	**3,834,435**	**4,576,706**	**6,404,698**	**6,783,905**	**7,548,656**	**7,624,783**	**8,206,343**	**7,650,376**	**7,843,057**	**5,592,753**	**6,790,041**
其中：阿尔及利亚	344,898	399,568	470,994	645,847	503,696	700,685	975,092	689,585	839,143	538,944	478,098	373,014	205,687
埃及	150,175	110,686	57,438	127,033	75,982	141,131	139,263	346,312	802,220	160,510	794,886	258,992	316,561
埃塞俄比亚	75,472	231,186	118,238	601,060	523,087	358,327	507,562	467,293	835,405	706,366	221,398	269,104	265,288

附表 2 续 2

单位：万美元

年份	2008	2009	2010	2011	2012	2013	2014	2015	2016	2017	2018	2019	2020
安哥拉	695,157	372,250	357,979	442,570	976,810	402,885	346,870	877,045	855,758	858,220	222,991	80,906	125,327
贝宁	1,396	3,776	3,697	6,535	32,361	21,072	69,424	119,530	1,763	17,083	89,776	1,392	38,740
博茨瓦纳	88,069	312,679	177,454	61,360	20,191	30,423	48,637	21,961	8,860	25,902	64,556	12,535	57,934
布隆迪	713	1,481	491	3,117	8,418	10,964	26,841	4,254	1,082	18,341	27,708	5,379	1,127
赤道几内亚	220,314	183,985	128,028	114,090	217,281	178,874	178,711	86,577	169,220	123,325	18,456	68,364	26,369
多哥	2,464	23,464	8,667	23,116	24,290	4,340	33,250	26,198	13,477	13,131	6,146	1,731	9,751
厄立特里亚	136	2,549	14,414	11,299	26,116	16,808	23,097	9,478	1,553	3,199	15	13	446
佛得角	4,959	7,221	2,209	954	3,672	2,472	2,059	1,230	1,162	5,667	318	4	2,241
冈比亚	722	109	545	68	55	815	718	163	161	20,205	417	8,089	1,662
刚果（金）	56,456	65,947	43,123	190,765	47,473	177,385	102,307	280,201	94,614	286,961	572,474	356,270	203,233
刚果（布）	82,786	63,454	181,799	87,197	149,335	295,557	226,587	283,086	357,227	184,503	28,625	29,726	49,362
吉布提	5,312	5,017	919	3,217	25,588	38,712	49,844	124,083	28,431	35,273	82,177	4,643	15,859
几内亚	12,507	4,895	9,517	132,732	42,980	41,333	161,660	18,035	183,716	143,157	162,044	266,217	286,731
几内亚（比绍）	4,533	6,838	2,432	3,114	3,609	2,966	3,364	2,227	2,134	540	2,394	1,231	2,728
加纳	95,856	138,996	86,307	157,001	205,756	331,623	239,881	128,573	251,069	290,608	322,201	429,176	1,241,632
加蓬	2,486	112,734	83,624	60,294	132,074	142,846	82,947	68,398	163,757	18,778	27,935	25,119	79,919
津巴布韦	419	5,814	34,467	39,639	128,004	155,583	205,123	107,336	217,304	148,153	117,212	84,581	255,041
喀麦隆	20,089	26,775	122,611	148,757	79,256	297,279	137,102	370,086	130,896	115,218	177,216	86,285	111,053
科摩罗	242	1,530	3,000	1,311	6,050	3,302	21,488	8,005	2,511	21,584	6,808	4,932	1,336
科特迪瓦	1,024	20,162	16,504	14,642	71,836	9,043	18,471	120,084	150,528	46,309	203,512	349,068	598,506
肯尼亚	73,808	88,066	106,952	117,373	337,509	156,150	535,128	490,981	424,789	1,007,838	378,939	137,806	323,698
莱索托	1,283	4,230	1,498	10,942	12,429	85,086	10,664	5,773	2,340	829	16,389	41,564	13,092
利比里亚	5,771	2,658	3,355	7,631	40,178	30,375	12,209	13,788	58,148	9,033	12,721	30,361	35,811
卢旺达	8,337	28,622	20,660	4,554	21,113	28,302	10,279	19,110	40,421	33,089	49,288	49,475	57,365

附表 2 续 3

单位：万美元

年份	2008	2009	2010	2011	2012	2013	2014	2015	2016	2017	2018	2019	2020
马达加斯加	37,650	18,801	10,355	14,876	13,055	7,347	16,921	147,201	7,373	32,624	25,863	92,250	68,921
马拉维	665	20,491	29,343	1,810	4,811	77,763	15,953	35,206	11,886	13,786	40,758	17,931	13,716
马里	46,424	56,651	26,415	54,830	46,527	17,034	35,177	125,024	33,291	39,386	15,974	13,486	5,048
毛里求斯	15,958	40,455	13,689	24,174	14,066	6,101	22,932	9,833	10,582	15,861	11,315	30,445	29,637
毛里塔尼亚	46,498	8,719	87,637	15,380	4,879	40,034	21,376	10,239	12,335	163,249	22,799	20,856	2,086
摩洛哥	53,152	11,926	86,232	32,103	34,354	50,305	21,353	58,555	65,383	82,110	21,613	23,134	74,977
莫桑比克	46,631	20,754	50,661	44,187	152,642	183,131	139,317	128,184	40,518	60,172	332,142	98,681	285,950
纳米比亚	13,234	15,952	18,279	22,601	18,169	73,886	43,173	82,331	53,721	16,047	20,114	34,074	26,918
南非	11,761	7,556	38,788	47,538	79,121	79,635	38,550	52,518	54,869	84,663	180,462	106,113	72,207
南苏丹				5,668	452,443	167,965	214,609	257,372	164,845	109,060	18,376	116,778	89,292
尼日尔	25,604	101,344	31,061	44,634	85,340	239,043	94,958	45,440	28,483	48,497	28,527	95,475	42,862
尼日利亚	225,803	394,527	368,952	348,431	1,021,146	811,390	1,771,443	969,656	598,971	1,148,032	1,701,344	1,255,716	783,322
塞拉利昂	2,109	4,291	15,872	15,488	30,632	53,575	35,860	4,411	34,894	12,692	97,575	7,185	58,761
塞内加尔	13,078	8,925	37,179	27,574	52,901	16,217	69,547	158,904	104,114	74,477	40,402	102,501	148,907
塞舌尔	3,962	3,876	1,359	5,442	5,433	13,817	2,745	1,941	863	2,579	851	702	1,930
苏丹	228,254	443,422	363,397	197,698	174,599	273,066	258,142	119,094	170,250	143,545	57,044	24,007	77,862
坦桑尼亚	99,043	150,542	185,584	96,992	125,997	177,187	130,218	119,167	135,713	109,999	211,793	125,824	116,377
突尼斯	19,513	1,754	15,840	6,333	6,597	14,836	14,503	16,863	27,923	18,381	4,245	17,737	10,132
乌干达	19,670	25,699	7,597	99,680	36,816	345,428	107,416	106,913	160,573	95,493	375,763	118,336	95,966
赞比亚	46,856	65,737	102,989	201,199	205,696	225,530	247,112	442,853	631,253	486,454	466,784	220,912	332,160
乍得	23,479	146,435	81,959	170,267	113,701	173,574	64,717	30,331	167,930	39,807	63,319	67,293	84,934
中非共和国	3,890	4,815	16,348	6,295	4,404	510	796	543	46,142	17,239	1,813	2,352	5,696
欧洲	**549,951**	**446,255**	**586,541**	**718,509**	**866,458**	**1,142,307**	**1,030,342**	**1,222,254**	**1,011,988**	**1,721,542**	**1,432,993**	**3,230,692**	**2,088,434**
其中：比利时	3,884	7,097	11,543	2,264	35,074	29,165	6,784	8,764	1,117	3,523	1,164	16,753	25,662

附表 2　续 4

单位：万美元

年份	2008	2009	2010	2011	2012	2013	2014	2015	2016	2017	2018	2019	2020
阿塞拜疆	34,484	18,787	45,060	32,648	10,363	9,006	6,858	1,806	522	3,885	119,455	12,372	3,906
奥地利	499	1,100	2,402	4,252	13,512	13,179	4,374	6,749	6,344	12,141	11,988	16,652	5,996
白俄罗斯	1,161	109,594	108,292	199,540	16,040	134,640	20,994	272,326	50,774	24,960	103,827	66,705	171,264
保加利亚	944	387	16,351	1,729	25,203	17,646	6,211	6,655	9,440	3,425	3,955	5,749	14,594
北马其顿	3		60	4		87,517				80	21,817	22,019	5,156
波兰	5,251	68,035	1,648	1,490	9,462	15,544	3,705	4,143	6,228	2,593	13,526	109,589	145,171
丹麦	4,542	126	160	499	2,940	1,756	68	377		2,688	421	1,788	3,154
德国	45,936	25,220	37,229	46,987	66,745	50,603	39,512	63,914	63,535	74,234	89,311	62,042	52,283
俄罗斯联邦	230,600	109,412	113,442	137,761	223,562	216,880	196,232	207,592	265,909	775,229	306,013	1,691,792	587,047
法国	14,749	28,738	65,592	84,874	135,319	170,395	195,193	200,853	156,797	166,338	142,021	163,303	145,761
芬兰	336	82	72	688	138	5	504	194	357	86,959	271	85,006	1,127
格鲁吉亚	2,389	436	32,109	14,617	15,244	13,821	4,141	17,824	35,624	39,232	87,788	49,833	39,736
荷兰	3,527	2,673	13,944	11,453	54,901	36,500	17,461	16,920	24,479	25,456	12,884	14,115	10,216
黑山		194	718				111,487	1,826	791	15	14,177	6,058	7,713
捷克	1,209	3,660	4,846	3,284	8,009	7,486	5,749	8,936	9,162	8,117	6,941	5,907	6,725
克罗地亚	50				3,294	1,688	250	207	99	138	52,437	9,944	19,701
罗马尼亚	6,610	5,277	4,727	7,266	30,805	23,790	25,147	14,427	25,438	8,347	12,985	8,914	14,180
挪威	13,745	2,702	45		13,314	46	1,067	2,644	16,907	140	964	40,221	26,900
葡萄牙	1,394	3,582	5,226	4,319	6,261	4,423	7,583	6,302	7,463	36,540	13,584	7,480	8,721
瑞典	1,752	308	2,018	3,438	4,287	25,317	16,768	12,422	8,789	15,934	13,232	10,614	5,097
塞尔维亚		22	26,080	1,178	18,830	43,567	5,968	71,696	57,624	58,182	30,029	121,245	156,717
乌克兰	39,660	20,347	17,902	15,372	25,173	38,747	21,528	37,489	53,133	112,508	102,953	257,529	213,592
希腊	23,404	3,970	5,587	8,166	37,549	25,737	35,509	17,915	7,618	7,961	17,986	44,874	13,352
西班牙	20,234	13,265	28,390	21,798	23,824	47,880	2,476	18,259	33,828	31,692	57,346	229,643	158,786

附表 2　续 5

单位：万美元

年份	2008	2009	2010	2011	2012	2013	2014	2015	2016	2017	2018	2019	2020
匈牙利	14,738	1,520	2,902	4,124	3,087	2,889	5,054	9,111	3,487	3,742	3,635	59,613	121,829
意大利	693	3,264	7,449	10,341	10,456	1,528	11,554	19,842	6,860	7,004	3,418	9,213	3,072
英国	65,102	13,150	22,818	44,140	59,730	87,502	55,206	170,862	106,401	56,548	94,795	60,675	83,027
拉丁美洲	**361,039**	**1,308,873**	**1,581,374**	**1,667,191**	**1,465,699**	**1,832,214**	**1,646,821**	**1,816,313**	**1,912,400**	**1,585,882**	**1,822,734**	**1,987,218**	**1,483,811**
其中：安提瓜和巴布达	4,423	360	184	4,636	292	10,216	471	25,612	448	9	860	10,035	10,050
阿根廷	8,249	4,922	239,952	32,396	28,732	317,185	651,404	90,889	159,737	143,278	321,859	179,789	83,179
巴拿马	5,191	2,891	4,689	3,155	12,315	14,355	14,934	14,568	35,242	20,720	267,644	18,223	18,961
巴西	77,472	141,802	258,479	214,805	180,085	281,633	121,523	337,060	166,656	174,270	258,278	303,418	325,022
玻利维亚		114	165	33,996	19,271	53,261	98,513	150,121	84,626	165,854	71,748	87,937	35,444
多米尼加共和国		1,960		1,473	335	6,527	135	23,847	454	3,181	8,142	14,644	2,056
多米尼克		8,090	4,260	4,036	14	24	459	3,850	346	9,435	391	5,616	9,212
厄瓜多尔	18,059	22,370	307,744	67,985	130,896	114,935	105,565	121,844	209,362	88,757	192,158	80,612	81,392
哥伦比亚	9,921	9,760	14,092	26,354	56,588	126,530	34,323	116,929	20,228	17,075	37,832	512,286	281,262
哥斯达黎加	7,230	840	1,186	9,757	2,529	61,268	6,639	25,039	13,208	4,139	4,677	972	1,521
圭亚那		3,896	147	14,646	55,754	11,270	8,566	4,905	20	12,040	3,135	2,317	28,496
秘鲁	7,252	21,336	32,286	13,420	24,142	21,655	32,230	56,967	48,817	110,876	151,619	166,294	171,488
墨西哥	16,409	28,774	32,861	86,765	63,828	82,474	75,393	181,094	149,543	76,790	127,597	186,559	253,397
苏里南	26,294	4,750	1,594	5,538	302	24,887	620	205	7,340	22,822	20	1,650	9,176
特立尼达和多巴哥	36,249	8,769	4,643	5,178	11,598	27,780	14,876	82,014	1,283	23,388	2,498	26,177	16,687
委内瑞拉	120,464	964,523	567,987	417,741	735,640	449,830	432,365	509,666	796,198	579,687	294,507	140,131	53,641
牙买加	5,784	59,636	14,630	20,670	54,558	150,686	862	2,408	143,237	15,322	8,952	5,905	5,847

附表 2　续 6

单位：万美元

年份	2008	2009	2010	2011	2012	2013	2014	2015	2016	2017	2018	2019	2020
智利	6,631	6,378	15,773	30,126	17,698	22,780	8,429	19,307	13,688	12,121	42,900	23,913	59,035
北美洲	**93,355**	**139,992**	**105,151**	**132,608**	**180,626**	**107,456**	**328,964**	**571,024**	**435,005**	**361,245**	**289,786**	**276,215**	**113,322**
其中：加拿大	5,476	2,857	4,555	18,705	18,827	21,796	36,782	8,438	8,767	25,423	4,834	28,773	21,146
美国	87,879	137,135	100,359	113,830	161,799	85,051	291,771	562,338	425,738	335,797	284,946	247,442	92,176
大洋洲	**279,979**	**147,438**	**220,184**	**169,316**	**213,322**	**205,568**	**199,071**	**798,518**	**568,562**	**841,960**	**856,752**	**824,872**	**780,285**
其中：澳大利亚	221,485	46,094	159,443	118,238	111,061	98,710	84,812	616,835	356,707	497,394	727,857	541,512	661,226
巴布亚新几内亚	31,968	74,444	29,752	33,821	70,230	90,009	58,846	149,642	143,134	199,090	69,294	93,680	69,890
斐济	13,170	145	10,914	1,828	15,345	4,133	5,563	10,560	10,305	38,728	16,107	35,754	18,048
萨摩亚	106	1	431	44	100	1,351	8,313	206	1,007	10,641	3,164	2,389	189
汤加	2	6,894	4,662	674	1,879	117	2,659	3,210	4,480	707	569	133	1,106
瓦努阿图	23	3	927		402	1,300	21,788	9,980	3,356	15,415	22,010	10,477	5,070
新西兰	6,384	2,098	5,073	9,235	4,500	6,021	14,013	6,655	47,339	73,746	11,867	32,834	9,251

附表 3　2008—2020 年中国对外承包工程完成营业额分国家（地区）统计表

单位：万美元

年份	2008	2009	2010	2011	2012	2013	2014	2015	2016	2017	2018	2019	2020
合计	**5,705,939**	**7,770,611**	**9,217,025**	**10,342,448**	**11,659,697**	**13,714,273**	**14,241,066**	**15,407,423**	**15,941,749**	**16,858,661**	**16,904,403**	**17,290,137**	**15,593,516**
亚洲	**2,919,885**	**3,984,657**	**4,265,955**	**5,104,053**	**5,430,838**	**6,440,684**	**6,483,978**	**6,907,009**	**7,685,147**	**8,828,858**	**9,069,905**	**9,814,559**	**8,913,866**
其中：阿富汗	4,084	3,449	3,766	5,805	15,553	43,242	1,630	1,133	4,058	5,073	4,764	9,094	3,425
阿拉伯联合酋长国	211,128	354,167	297,160	193,825	154,369	133,959	115,007	153,943	224,637	249,594	361,485	512,286	818,541
阿曼	16,367	27,113	45,627	58,892	29,681	24,229	30,408	44,939	80,646	82,085	87,897	69,384	48,919
巴基斯坦	194,226	173,330	206,290	237,277	277,832	370,093	424,619	516,289	726,809	1,133,799	1,126,946	967,401	732,401
东帝汶	1,723	1,352	5,362	12,529	13,275	11,463	2,824	5,315	23,805	35,519	35,290	25,926	23,359
菲律宾	39,644	56,423	177,258	128,502	116,112	124,668	134,928	204,150	166,180	188,546	197,248	275,952	282,550
哈萨克斯坦	98,599	140,555	146,447	124,237	156,766	291,714	235,768	234,700	275,779	223,838	221,357	198,174	149,105
韩国	25,129	61,318	9,871	21,088	10,164	20,152	39,342	27,393	33,612	36,759	40,707	133,503	72,691
吉尔吉斯斯坦	12,392	8,704	15,611	20,874	35,089	71,188	58,736	54,857	55,663	47,998	21,049	26,562	13,765
柬埔寨	36,058	39,782	64,818	82,530	117,150	143,077	96,533	121,396	165,598	176,373	180,102	277,501	348,846
卡塔尔	41,998	42,364	104,330	112,918	151,785	166,010	156,402	136,173	119,875	103,368	72,739	50,686	42,344
科威特	11,340	21,018	40,754	65,926	72,217	104,947	140,063	128,114	151,314	196,352	273,392	257,476	202,205
老挝	23,433	41,294	57,310	98,918	190,523	196,887	232,773	321,606	294,729	422,894	526,468	520,725	382,892
马尔代夫	1,250	1,322	825	5,395	5,653	1,957	6,866	14,380	24,705	41,467	63,923	109,055	48,094
马来西亚	76,201	115,398	130,840	214,546	237,311	253,013	310,112	356,227	474,809	814,615	796,480	730,343	685,330
蒙古	26,434	50,991	25,124	65,442	84,063	107,163	114,102	93,484	74,583	106,814	75,721	67,100	62,989
孟加拉国	27,042	33,862	35,500	207,304	146,176	87,710	177,854	175,184	191,623	314,660	432,206	530,261	550,183
缅甸	70,199	83,030	133,316	144,684	219,811	126,126	81,856	189,471	191,713	161,406	116,942	186,295	186,185
尼泊尔	10,767	5,417	6,667	19,143	16,658	49,932	27,283	25,302	22,279	29,860	45,701	63,821	39,965

附表 3 续 1

单位：万美元

年份	2008	2009	2010	2011	2012	2013	2014	2015	2016	2017	2018	2019	2020
日本	21,332	18,349	25,781	24,092	46,443	62,094	33,406	44,346	31,249	32,778	33,305	36,324	39,536
沙特阿拉伯	245,878	359,158	322,705	435,846	462,231	588,411	594,713	701,812	948,175	634,381	521,763	620,768	618,904
斯里兰卡	38,577	68,569	76,868	125,715	153,025	209,186	219,139	136,871	147,677	225,245	237,954	222,470	128,719
塔吉克斯坦	45,282	33,537	26,459	22,792	25,244	44,456	40,931	64,377	70,787	19,042	30,848	23,957	36,891
泰国	48,377	52,682	46,165	66,845	107,853	131,931	183,624	281,007	293,579	338,380	335,596	287,001	263,427
土耳其	81,459	123,207	81,928	84,201	105,698	194,266	180,958	133,887	214,547	120,443	66,728	66,849	92,180
土库曼斯坦	32,123	93,323	73,770	96,045	130,727	209,852	124,000	68,921	31,916	25,264	27,398	33,699	16,522
文莱	66	1,953	3,843	4,377	6,257	8,766	3,822	8,653	54,793	71,016	137,187	95,842	10,338
乌兹别克斯坦	18,355	75,826	50,042	34,916	54,730	70,579	49,772	61,241	49,111	50,320	105,564	88,881	95,709
新加坡	133,509	199,893	226,734	252,784	288,006	280,991	337,607	354,079	375,551	343,707	258,199	354,948	235,736
伊拉克	9,575	35,313	67,165	177,328	170,054	338,070	489,810	397,661	345,464	273,809	255,713	414,119	328,905
以色列	11,887	7,055	149	244	3,254	4,934	9,535	15,238	23,162	113,073	110,789	117,498	148,805
印度	426,361	579,396	525,532	744,166	669,331	528,189	253,595	267,458	182,435	246,496	231,541	253,864	180,072
印度尼西亚	225,738	264,688	351,773	345,935	346,415	471,874	458,443	481,528	408,870	556,185	609,652	870,537	712,110
约旦	14,985	33,527	11,006	25,339	1,774	4,216	1,661	8,459	3,813	66,940	65,199	33,464	12,813
越南	194,556	237,106	310,961	319,342	299,763	359,283	398,439	352,317	332,394	287,860	280,167	394,010	292,980
中国澳门	87,900	53,413	113,538	50,157	46,594	41,845	79,792	147,710	181,538	278,641	250,919	132,498	131,782
中国香港	168,848	179,860	159,148	197,255	278,729	302,814	372,760	402,744	423,313	554,531	592,760	636,979	789,962
非洲	**1,985,460**	**2,809,899**	**3,583,027**	**3,612,187**	**4,083,452**	**4,789,064**	**5,297,475**	**5,478,376**	**5,214,981**	**5,118,786**	**4,883,888**	**4,601,260**	**3,833,046**
其中：阿尔及利亚	422,375	587,726	494,736	405,255	446,553	519,762	633,429	824,061	912,373	784,897	752,146	633,547	468,811
埃及	51,445	79,735	116,881	102,372	96,904	102,806	92,402	201,777	228,114	154,179	204,560	318,959	299,339
埃塞俄比亚	98,463	119,583	154,966	180,874	229,168	355,663	683,203	589,402	470,603	552,174	400,179	249,597	292,473
安哥拉	323,279	486,189	496,407	634,417	755,642	745,039	639,843	495,275	433,194	669,326	454,319	286,588	151,473

附表 3　续 2

单位：万美元

年份	2008	2009	2010	2011	2012	2013	2014	2015	2016	2017	2018	2019	2020
贝宁	2,108	2,830	2,524	4,076	8,766	23,658	25,616	9,159	9,291	8,110	14,370	24,418	23,431
博茨瓦纳	40,518	60,471	158,497	156,632	74,502	40,502	29,025	31,504	30,017	25,281	25,956	16,828	19,391
布隆迪	1,272	563	1,435	2,456	4,593	28,122	6,789	7,146	6,297	2,704	4,078	8,619	5,046
赤道几内亚	71,541	133,518	174,836	180,158	179,449	262,767	207,670	136,854	118,268	102,500	54,294	58,197	34,048
多哥	2,888	3,886	5,296	8,408	14,404	18,021	25,395	21,176	14,424	25,729	22,518	11,941	8,497
厄立特里亚	3,713	3,284	2,659	9,700	3,279	11,517	12,010	12,487	10,191	12,239	4,023	256	2,164
佛得角	485	1,739	1,061	1,531	1,530	2,462	4,424	2,458	806	1,694	2,744	6,671	2,600
冈比亚	526	121	150	292	197	313	496	734	519	1,010	3,717	7,432	5,570
刚果（金）	28,197	62,974	62,767	78,418	96,851	93,993	144,968	114,388	117,896	149,954	182,015	244,650	202,503
刚果（布）	62,967	85,864	107,768	94,131	102,858	187,634	253,189	297,587	216,928	74,754	47,705	36,912	57,338
吉布提	1,732	6,923	2,060	3,850	3,760	6,497	36,871	107,188	84,088	36,605	30,147	22,901	12,174
几内亚	7,151	7,399	12,759	13,246	31,400	42,618	60,925	48,642	38,617	61,500	81,987	121,800	177,794
几内亚（比绍）	3,497	5,607	3,284	1,666	3,459	3,168	2,326	3,245	1,631	669	287	988	1,374
加纳	39,308	46,048	77,077	86,269	152,503	177,127	153,439	140,598	114,846	108,511	113,176	81,703	112,219
加蓬	1,629	19,712	28,583	40,591	84,052	43,712	77,985	56,413	69,496	47,548	16,104	27,101	6,831
津巴布韦	15,922	6,509	13,805	39,891	38,296	98,507	30,581	45,789	44,363	30,591	32,033	55,569	72,961
喀麦隆	6,222	12,211	13,308	33,738	63,406	114,086	123,886	141,350	151,751	189,239	125,210	139,905	89,251
科摩罗	476	1,008	1,977	2,410	3,203	5,188	3,640	2,225	1,757	1,457	2,924	3,247	3,859
科特迪瓦	1,495	2,083	4,673	2,651	9,037	32,876	35,319	63,005	63,977	97,663	85,048	109,277	91,750
肯尼亚	38,946	57,076	88,512	139,053	130,637	144,740	169,556	384,569	454,772	372,919	435,274	416,763	295,700
莱索托	3,284	4,014	1,905	2,379	10,365	35,581	13,011	12,610	7,579	1,441	1,168	7,170	7,927
利比里亚	3,565	4,724	10,038	7,852	30,244	25,017	20,577	19,873	24,981	22,136	19,693	44,020	22,727
卢旺达	4,577	8,142	14,173	12,950	12,384	14,396	23,564	21,251	15,777	19,627	28,805	30,873	31,770
马达加斯加	21,434	15,349	11,883	12,256	14,414	9,522	13,812	7,484	5,935	13,270	16,740	11,482	19,954

附表 3 续 3

单位：万美元

年份	2008	2009	2010	2011	2012	2013	2014	2015	2016	2017	2018	2019	2020
马拉维	895	4,847	11,555	16,651	15,715	8,999	9,016	9,232	8,306	8,771	8,902	15,374	16,598
马里	16,481	26,743	38,860	53,685	44,287	27,783	34,099	23,462	29,981	38,323	40,072	42,572	28,204
毛里求斯	7,581	7,803	13,618	20,557	36,887	25,242	15,105	19,824	11,051	11,720	12,418	11,815	18,691
毛里塔尼亚	5,659	19,075	18,586	26,474	27,867	22,291	29,174	28,413	14,098	22,821	18,324	29,504	13,882
摩洛哥	28,046	51,100	59,041	38,135	42,317	36,252	60,700	113,109	76,666	37,649	68,304	33,525	21,984
莫桑比克	10,012	32,187	38,760	22,824	29,505	78,628	81,471	118,750	133,231	110,875	80,422	100,144	67,568
纳米比亚	7,505	14,934	10,567	11,018	17,941	22,153	36,489	76,642	69,828	69,667	45,899	44,571	27,891
南非	24,736	11,818	36,690	44,594	69,538	39,544	39,980	45,177	42,091	56,880	138,142	55,788	49,127
南苏丹				430	7,667	12,677	20,052	36,614	16,015	35,473	46,064	24,291	29,461
尼日尔	2,272	32,948	89,407	55,891	43,022	50,777	88,152	63,689	43,483	17,150	17,158	29,965	40,047
尼日利亚	164,267	200,352	292,981	345,969	499,481	427,352	453,165	348,142	261,276	310,383	404,785	459,559	351,036
塞拉利昂	2,845	2,664	3,688	7,998	8,490	17,018	17,881	7,928	12,683	9,193	13,611	12,831	9,208
塞内加尔	14,008	14,703	20,492	35,309	24,174	20,290	35,526	50,037	60,022	94,765	114,290	88,416	52,107
塞舌尔	4,087	4,384	3,064	2,316	5,421	6,985	7,511	3,517	2,500	1,044	1,591	2,600	1,393
苏丹	262,388	207,843	233,696	273,502	240,345	198,435	181,811	154,873	146,050	82,125	50,046	38,128	31,721
坦桑尼亚	41,806	54,320	81,153	98,119	114,610	170,976	206,965	141,471	152,409	102,586	107,600	128,283	145,623
突尼斯	6,392	5,318	14,802	9,581	10,989	13,286	11,717	11,067	13,586	21,896	11,151	9,367	8,522
乌干达	15,393	18,902	15,152	31,578	26,899	44,209	111,751	155,063	188,990	217,429	214,767	154,038	121,940
赞比亚	22,074	35,361	40,412	74,817	123,381	249,050	203,020	178,981	179,045	230,749	270,345	257,497	202,219
乍得	13,097	44,511	147,476	92,371	79,807	114,983	111,247	71,585	96,547	62,785	49,833	73,283	53,709
中非共和国	2,404	3,462	3,663	12,242	6,960	313	297	486	1,073	1,981	2,253	8,743	4,995
欧洲	**332,728**	**317,464**	**498,723**	**460,042**	**706,182**	**822,737**	**715,057**	**878,279**	**798,582**	**931,617**	**1,001,574**	**1,062,769**	**1,396,201**
其中：比利时	19,302	7,345	11,322	2,197	35,075	7,385	7,002	3,638	15,389	14,280	725	15,945	11,550
阿塞拜疆	6,411	12,509	55,097	25,586	13,836	20,341	12,947	7,592	1,392	2,363	4,253	2,626	1,824

附表3 续4

单位：万美元

年份	2008	2009	2010	2011	2012	2013	2014	2015	2016	2017	2018	2019	2020
奥地利	514	1,059	1,788	3,765	12,073	3,304	1,895	3,041	4,469	7,490	10,179	6,137	6,256
白俄罗斯	7,446	8,327	48,876	40,511	56,693	164,637	117,515	98,955	109,905	66,747	99,603	63,714	104,052
保加利亚	933	406	13,209	2,307	5,969	20,679	20,894	8,537	7,758	3,997	4,984	7,984	5,219
北马其顿	3		57	4		287	16,515	36,906	20,958	14,071	10,758	12,569	9,194
波兰	1,239	3,362	5,898	3,369	628	3,484	12,952	5,037	5,814	966	6,267	5,515	46,575
丹麦	491	4,414	241	420	2,957	2,399	102	218	100	495	1,283	1,918	1,955
德国	41,724	45,887	34,556	30,255	87,818	46,660	38,138	52,252	59,559	63,631	81,436	50,129	50,441
俄罗斯联邦	101,972	88,382	143,128	139,797	164,631	137,161	115,501	171,440	148,599	199,234	234,981	276,680	426,451
法国	37,861	20,319	46,848	86,753	117,932	145,083	148,179	184,423	136,050	144,236	125,834	127,388	147,180
芬兰	370	53	105	82	306	5		2,613	357	1,676	218	130	480
格鲁吉亚	2,385	426	3,925	18,617	36,250	21,226	19,323	19,049	10,918	38,840	27,792	29,936	41,016
荷兰	2,730	10,332	11,927	9,868	30,436	41,067	23,173	24,584	17,588	16,163	13,420	17,496	14,228
黑山		28	718				385	3,107	3,696	50,968	67,914	34,789	15,869
捷克	1,241	2,569	6,468	3,753	4,913	4,730	4,618	7,754	5,698	6,003	5,739	5,880	7,686
克罗地亚	30					4,415	85	213	471	138	12	21,505	32,776
罗马尼亚	6,610	5,460	5,727	5,416	22,498	18,722	16,331	14,794	18,457	9,322	8,218	6,997	8,826
挪威	6,659	1,059	3,529	10	86	722	1,432	6,873	5,797	20,666	3,756	25,739	23,672
葡萄牙	1,080	5,083	4,377	2,595	4,481	4,033	5,044	6,561	5,645	4,939	25,610	13,361	7,415
瑞典	1,564	519	1,291	1,487	4,416	8,924	9,284	11,506	10,528	6,057	9,667	8,026	6,814
塞尔维亚	144	303	426	5,114	13,685	7,975	23,525	19,801	17,889	36,897	34,508	61,743	149,651
乌克兰	16,487	22,114	12,915	15,866	16,363	30,865	16,937	31,375	28,915	35,320	57,612	72,809	66,566
希腊	32,311	3,970	3,333	5,491	8,553	18,018	3,345	7,632	29,930	15,973	19,572	18,125	8,666
西班牙	11,406	16,109	22,156	7,984	10,362	25,225	8,902	18,809	29,689	27,916	44,436	78,236	89,611
匈牙利	2,690	6,503	4,429	5,647	4,835	3,272	3,693	4,650	3,883	3,390	3,881	2,668	10,563

附表 3　续 5

单位：万美元

年份	2008	2009	2010	2011	2012	2013	2014	2015	2016	2017	2018	2019	2020
意大利	3,591	10,678	7,790	8,263	9,700	10,874	6,176	14,498	20,105	20,105	27,342	19,426	9,156
英国	17,492	28,525	43,241	24,078	37,562	61,519	48,281	84,736	71,896	108,268	57,018	64,045	68,011
拉丁美洲	**300,962**	**364,418**	**627,449**	**791,669**	**1,131,631**	**1,330,942**	**1,318,059**	**1,640,035**	**1,603,513**	**1,291,514**	**1,196,689**	**1,163,818**	**788,900**
其中：安提瓜和巴布达	222	844	3,423	397	1,687	4,657	11,133	6,320	1,085	166	2,630	8,631	7,335
阿根廷	10,810	18,058	10,470	19,279	34,801	38,230	50,205	217,332	112,858	158,003	159,097	161,327	114,033
巴拿马	194	7	3,837	6,748	8,448	8,744	6,994	11,141	9,343	29,929	31,781	34,510	10,469
巴西	93,342	111,156	101,997	143,868	164,606	188,194	150,443	202,023	196,329	185,365	260,900	225,237	163,649
玻利维亚	150	111	205	29,645	651	15,279	32,950	26,524	54,937	46,715	68,905	143,034	42,824
多米尼加共和国	104	1,002		133	1,647	1,537	3,272	4,473	1,673	3,567	730	6,684	307
多米尼克			1,720	4,568	4,068	576	923	66	932	3,483	4,655	7,594	4,170
厄瓜多尔	10,754	22,247	21,886	53,853	160,815	202,298	240,342	328,837	286,223	212,748	123,717	89,466	47,667
哥伦比亚	10,605	6,928	8,093	8,567	41,643	23,559	30,827	39,564	37,893	20,473	26,645	26,138	25,727
哥斯达黎加		3,283	5,330	2,479	1,641	2,745	5,447	7,070	7,575	3,560	14,944	13,983	11,656
圭亚那	932	1,395	688	2,411	1,798	4,588	11,211	9,147	17,595	13,979	9,672	10,628	7,772
秘鲁	8,388	18,967	11,071	21,108	35,005	36,291	41,608	62,566	56,907	59,341	108,553	110,587	92,355
墨西哥	52,329	16,557	39,047	36,620	45,626	48,552	55,670	90,219	125,078	74,962	55,387	90,731	129,634
苏里南	1,737	7,711	8,121	6,522	7,965	2,693	2,755	2,624	17,461	3,331	9,758	3,009	5,375
特立尼达和多巴哥	10,284	27,538	16,097	7,921	10,741	10,387	16,373	22,525	11,244	11,622	11,486	49,834	11,376
委内瑞拉	77,625	92,847	347,961	358,147	515,259	596,708	500,509	494,205	519,082	332,612	181,665	96,254	41,089
牙买加	4,677	9,776	16,178	32,356	24,567	25,920	46,559	38,860	29,681	18,884	24,969	22,918	20,519
智利	2,961	8,218	6,888	19,471	11,467	11,125	11,219	19,620	17,941	16,595	21,289	14,086	22,703

附表 3 续 6

单位：万美元

年份	2008	2009	2010	2011	2012	2013	2014	2015	2016	2017	2018	2019	2020
北美洲	**59,232**	**93,595**	**88,832**	**142,232**	**100,694**	**125,919**	**201,736**	**281,411**	**231,590**	**237,285**	**245,715**	**127,013**	**146,504**
其中：加拿大	4,471	10,123	5,025	16,484	6,777	35,885	12,412	10,663	8,708	13,859	13,262	24,185	25,028
美国	54,761	83,472	83,607	125,204	93,654	89,425	188,912	270,429	222,280	223,413	232,447	102,815	121,476
大洋洲	**107,672**	**200,578**	**153,039**	**232,265**	**206,900**	**204,927**	**224,761**	**222,313**	**407,936**	**450,601**	**506,632**	**520,718**	**514,999**
其中：澳大利亚	66,157	112,396	93,323	94,474	105,994	125,061	114,742	121,217	292,578	337,471	400,215	391,615	390,368
巴布亚新几内亚	31,789	63,591	20,157	100,171	38,985	45,055	70,426	60,010	54,491	55,698	49,128	71,928	75,607
斐济	1,905	5,774	14,166	13,664	17,775	14,133	12,904	15,380	14,171	18,441	22,167	17,474	20,647
萨摩亚	149	152	328	63	182	229	1,559	4,165	3,842	2,167	1,143	2,574	783
汤加	802	2,310	5,390	9,806	9,971	4,711	1,832	2,177	4,492	3,311	170	14	731
瓦努阿图	270	127	1,087	678	1,699	537	5,387	4,433	14,005	13,921	8,880	9,290	5,864
新西兰	4,386	3,642	2,884	3,826	5,277	9,578	14,815	11,749	20,671	15,816	19,905	24,921	15,870

附表 4　2008—2020 年中国对外承包工程新签合同额分省市区统计表

单位：万美元

省市名称	2008	2009	2010	2011	2012	2013	2014	2015	2016	2017	2018	2019	2020
合计	**10,545,051**	**12,620,961**	**13,436,696**	**14,233,229**	**15,652,922**	**17,162,946**	**19,175,640**	**21,007,431**	**24,401,009**	**26,527,599**	**24,180,445**	**26,024,542**	**25,553,561**
中央企业	3,920,176	6,091,891	6,134,452	6,435,235	6,648,746	6,708,959	9,341,233	9,447,388	11,919,683	13,212,664	11,345,717	11,050,044	13,544,343
北京市	520,973	296,851	251,114	261,088	404,037	562,440	429,369	464,840	514,151	905,968	730,314	1,173,673	792,162
天津市	176,981	166,199	173,753	194,390	155,516	271,274	380,264	310,838	264,840	450,524	444,930	501,981	591,928
河北省	400,303	266,678	294,596	328,230	417,866	467,343	485,335	386,488	467,386	584,589	422,353	372,915	307,080
山西省	70,176	48,936	47,517	41,821	63,910	23,599	34,586	34,875	22,266	104,648	101,763	142,877	285,134
内蒙古自治区	5,314	734	681		8,500	84,500		703	1,704		396	3,326	
辽宁省	232,163	255,818	172,372	197,637	436,634	283,671	180,618	276,144	235,243	172,178	205,711	215,746	252,077
其中：大连市	162,118	146,629	31,585	38,431	164,947	95,231	44,803	37,985	24,750	37,346	63,804	32,455	22,624
吉林省	24,970	17,078	38,178	7,605	23,077	33,226	8,490	68,286	37,200	48,425	49,424	39,666	94,697
黑龙江省	57,228	26,305	17,601	41,254	83,861	45,978	56,079	234,629	324,124	125,164	50,567	381,713	87,521
上海市	1,054,997	1,193,790	1,010,276	1,234,673	1,031,056	1,081,605	1,088,940	1,109,950	1,184,459	1,085,190	1,189,693	1,254,441	931,326
江苏省	432,732	449,596	544,726	588,537	719,844	854,751	966,108	779,596	728,708	1,082,087	659,004	680,364	545,570
浙江省	287,273	230,557	241,543	257,437	326,904	469,499	387,930	598,568	542,232	506,843	397,784	520,962	383,315
其中：宁波市	129,257	41,426	73,368	50,821	87,110	81,064	99,375	136,365	120,820	114,482	75,967	66,894	111,812
安徽省	145,092	98,077	151,147	193,661	233,764	275,023	266,764	307,024	307,609	525,384	505,342	213,691	280,749
福建省	41,862	14,476	8,607	49,016	49,828	31,044	35,842	57,701	58,143	131,113	64,107	173,362	79,616
其中：厦门市	1,789	76						27,122	1,544	7,290	1,616	6,150	198
江西省	90,805	108,293	135,697	144,191	168,284	203,444	264,781	404,131	289,082	411,064	324,140	375,428	390,457
山东省	662,783	850,734	1,008,411	864,453	879,954	986,874	1,060,559	1,198,283	1,266,500	1,295,541	1,439,085	1,269,937	1,010,672
其中：青岛市	71,049	134,019	59,538	59,491	142,121	312,368	227,540	365,578	372,492	440,525	493,108	335,980	348,234

附表 4 续 1

单位：万美元

省市名称	2008	2009	2010	2011	2012	2013	2014	2015	2016	2017	2018	2019	2020
河南省	134,212	160,070	237,489	230,318	227,458	378,166	239,763	376,906	364,720	314,829	363,928	432,494	494,046
湖北省	391,126	679,481	765,531	631,308	726,900	1,015,083	1,269,954	1,145,362	1,263,523	1,486,979	1,488,185	1,663,154	1,789,911
湖南省	142,781	63,326	62,645	39,747	45,742	101,115	95,287	193,755	224,244	183,174	158,267	215,015	350,323
广东省	845,248	814,859	986,740	1,343,526	1,905,053	2,366,492	1,524,873	2,072,350	2,198,726	2,218,294	1,914,713	2,556,123	1,873,147
其中：深圳市	724,751	738,884	924,301	1,301,583	1,854,179	2,319,318	1,267,534	1,904,004	1,899,293	1,775,890	1,687,788	2,288,483	1,526,052
广西壮族自治区	129,323	47,845	61,019	55,061	29,703	32,008	86,373	65,563	79,521	93,726	105,430	24,384	39,820
海南省	3,272	3,365	1,916	493	515	385	760	120					
重庆市	26,904	54,378	79,035	16,748	89,326	86,163	78,090	69,869	186,298	116,813	267,213	65,521	48,251
四川省	435,785	350,679	684,878	745,344	321,806	288,363	335,552	596,935	998,205	791,610	1,026,598	1,850,655	624,533
贵州省	43,804	16,461	32,431	29,649	21,430	16,897	61,792	57,608	59,614	32,508	57,077	22,508	23,170
云南省	77,983	92,403	106,102	112,125	127,688	128,107	134,406	128,638	191,875	136,260	142,527	153,167	72,523
西藏自治区												5,632	
陕西省	85,051	32,661	88,786	83,517	259,092	155,079	116,867	328,889	353,156	370,652	346,461	381,855	386,525
甘肃省	29,553	28,877	41,084	54,691	20,513	51,950	29,040	84,846	47,215	19,490	23,119	51,599	48,537
青海省				1,225		104		2,350	20	320	59	40	
宁夏回族自治区	1,618	1,781	3,003	3,262	1,808	10,142	9,494	156	5,085	1,167	4,076	630	10,199
新疆维吾尔自治区	68,110	141,835	46,948	39,840	217,755	118,452	177,071	89,315	207,698	96,905	320,626	215,444	215,930
新疆生产建设兵团	6,453	16,927	8,418	7,147	6,352	31,210	29,420	115,325	57,779	23,490	31,836	16,195	

附表 5 2008—2020 年中国对外承包工程完成营业额分省市区统计表

单位：万美元

省市名称	2008	2009	2010	2011	2012	2013	2014	2015	2016	2017	2018	2019	2020
合计	**5,705,939**	**7,770,611**	**9,217,025**	**10,342,448**	**11,659,697**	**13,714,273**	**14,241,066**	**15,407,423**	**15,941,749**	**16,858,661**	**16,904,403**	**17,290,137**	**15,593,516**
中央企业	1,996,351	2,815,679	3,468,478	3,516,149	3,640,404	4,038,121	4,972,429	5,033,658	5,889,992	5,937,330	6,120,040	6,422,871	5,976,233
北京市	131,756	184,997	222,514	248,098	289,909	335,854	357,432	354,900	249,642	402,944	399,820	421,872	364,794
天津市	99,577	208,566	245,205	299,081	310,174	312,853	403,259	476,260	629,220	502,007	529,939	542,427	566,535
河北省	160,722	287,157	285,351	243,603	286,271	434,565	408,696	359,910	257,649	294,101	277,253	307,172	277,463
山西省	52,029	114,297	71,999	69,676	44,556	76,505	73,542	73,754	68,641	71,249	140,296	157,638	128,040
内蒙古自治区	3,556	1,692	3,159		857	4,510	1,653	656	300	60	1,000		126
辽宁省	84,589	157,858	132,250	150,798	184,706	237,277	236,557	243,819	178,127	146,357	137,230	143,029	113,666
其中：大连市	30,022	90,583	61,402	58,253	62,589	78,413	72,650	70,385	55,603	35,209	28,783	37,114	25,634
吉林省	19,057	23,469	26,364	29,510	46,653	51,318	56,481	36,830	38,257	38,580	30,444	33,302	28,773
黑龙江省	56,920	78,633	105,093	109,161	95,033	62,512	89,805	253,359	242,900	240,894	176,213	178,940	143,723
上海市	493,236	665,664	689,616	594,113	681,188	806,920	740,168	745,479	665,611	993,262	754,096	940,116	967,064
江苏省	388,589	435,771	516,738	600,106	646,755	726,299	795,426	876,128	911,122	952,857	832,664	778,352	624,428
浙江省	171,703	222,269	275,057	289,942	371,286	441,586	517,582	618,719	667,262	713,969	738,517	762,622	644,118
其中：宁波市	74,000	84,925	100,022	110,961	122,819	149,692	168,250	191,681	205,081	224,401	168,617	191,200	176,966
安徽省	108,156	149,363	192,716	236,706	281,148	291,394	322,693	269,258	309,408	348,146	301,379	334,508	250,222
福建省	13,295	17,478	23,531	50,373	64,228	64,870	71,559	92,656	95,014	113,202	108,458	101,827	128,901
其中：厦门市	1,266	345	70		2,866	83		7,962	4,698	22,205	14,608	14,621	6,097
江西省	52,845	71,143	104,334	158,503	184,082	227,296	285,147	351,093	394,256	426,287	446,745	449,005	406,373
山东省	272,771	425,362	523,767	747,265	811,423	850,106	925,011	1,017,083	1,093,045	1,175,577	1,219,211	1,147,942	942,980
其中：青岛市	62,262	89,740	98,272	128,500	332,432	350,802	359,106	363,814	364,214	382,220	431,244	418,315	287,779

附表 5　续 1

单位：万美元

省市名称	2008	2009	2010	2011	2012	2013	2014	2015	2016	2017	2018	2019	2020
河南省	120,054	159,823	207,085	291,264	228,558	291,796	299,691	280,004	257,122	294,883	323,387	401,518	335,194
湖北省	156,260	275,913	381,301	406,741	456,194	520,733	579,636	523,369	511,109	707,516	643,554	661,042	641,470
湖南省	57,663	54,785	109,065	145,987	172,772	221,121	257,945	311,539	256,535	267,451	280,704	302,044	225,301
广东省	686,045	758,799	820,815	1,134,158	1,605,342	2,286,507	1,241,121	1,987,790	1,816,382	1,809,649	1,756,733	1,670,589	1,566,538
其中：深圳市	649,166	714,828	774,356	970,410	1,528,439	2,220,746	1,027,377	1,794,803	1,597,955	1,453,627	1,451,201	1,399,343	1,335,259
广西壮族自治区	23,397	43,495	56,429	65,296	74,972	83,002	87,736	93,986	84,764	68,824	72,357	68,232	27,009
海南省	3,558	2,173	825	1,382	1,050	385	100						
重庆市	16,654	17,576	35,987	41,770	58,424	63,757	103,210	62,835	96,352	98,431	75,946	79,561	57,223
四川省	252,736	335,622	399,299	498,692	563,592	634,776	706,295	559,590	409,403	393,093	610,791	637,360	518,056
贵州省	31,064	28,287	22,003	30,015	40,007	45,940	50,129	68,056	68,133	86,209	100,185	128,367	97,471
云南省	61,788	73,755	99,194	114,468	154,762	181,724	207,036	234,162	257,525	170,278	172,732	131,466	97,014
西藏自治区					501								
陕西省	83,454	62,543	81,022	136,256	167,927	178,711	178,759	220,429	242,935	390,921	405,752	303,830	263,417
甘肃省	30,247	28,332	22,403	29,664	26,221	30,915	33,939	29,210	26,870	23,451	35,214	39,146	28,598
青海省				4,633	22,104	11,551	15,477	12,510	30,931	39,214	40,776	38,832	17,614
宁夏回族自治区	1,147	1,461	1,711	1,841	1,551	2,357	5,243	1,902	2,435	1,261	3,706	1,880	8,204
新疆维吾尔自治区	63,698	44,621	62,945	63,209	101,405	144,768	159,077	158,182	123,886	82,607	99,261	77,492	99,089
新疆生产建设兵团	16,409	24,028	30,769	33,988	45,642	54,244	58,232	60,297	66,921	68,051	70,000	27,155	47,879

附表 6 2013—2020 年中国对外承包工程新签合同额、完成营业额分行业统计表

单位：万美元

行业名称	2013		2014		2015		2016		2017		2018		2019		2020	
	合同额	营业额	合同额	营业额	合同额	营业额	合同额	营业额	合同额	营业额	合同额	营业额	合同额	营业额	合同额	营业额
合计	**17,162,946**	**13,714,273**	**19,175,640**	**14,241,066**	**21,007,431**	**15,407,423**	**24,401,009**	**15,941,749**	**26,527,599**	**16,858,661**	**24,180,445**	**16,904,403**	**26,024,542**	**17,290,137**	**25,553,561**	**15,593,516**
一般建筑	3,087,361	2,729,825	3,433,944	2,989,137	3,685,525	3,140,584	4,617,151	3,116,941	5,922,899	3,445,369	4,645,353	3,429,207	4,643,034	3,535,658	6,401,058	2,974,360
工业建设	857,966	450,459	782,995	723,239	913,877	698,688	851,809	639,461	920,760	792,874	1,596,976	859,413	833,924	759,842	1,390,891	601,286
制造加工设施建设	578,579	499,570	432,514	391,439	414,179	341,960	411,157	371,603	356,928	433,831	400,736	393,728	392,326	440,008	320,147	258,675
水利建设	621,483	526,976	862,778	575,536	592,029	572,937	1,021,685	576,272	745,826	574,779	757,256	671,977	720,907	609,622	849,160	564,882
废水（物）处理	144,677	62,389	96,484	77,460	232,720	72,013	71,637	58,694	101,798	45,597	60,732	63,860	125,462	61,944	400,059	83,744
交通运输建设	3,761,774	2,408,082	5,851,515	3,198,194	5,468,061	3,463,027	5,574,180	3,600,292	7,163,962	4,525,885	6,785,443	4,486,939	6,990,459	4,710,057	6,332,708	4,030,500
危险品处理	2,182	5,642	5,654	7,677	863	5,584	2,577	7,170	1,368	4,539		2,184		400	1,166	179
电力工程建设	2,726,907	2,500,900	2,972,644	2,739,908	4,567,666	2,820,918	5,359,262	2,647,330	4,798,271	2,812,265	4,640,904	2,956,675	5,488,714	3,284,180	5,072,550	3,063,536
石油化工	2,279,714	1,761,412	2,247,858	1,577,731	1,874,025	1,584,388	3,317,949	2,277,070	2,714,052	1,627,972	1,741,677	1,548,890	3,008,943	1,577,176	1,908,094	1,549,161
通信工程建设	2,324,924	2,196,937	1,508,813	1,221,403	2,196,560	1,959,866	2,028,533	1,764,686	1,921,184	1,687,800	1,855,927	1,571,645	2,405,321	1,512,843	1,597,286	1,475,310
其他	777,379	572,081	980,441	739,342	1,061,926	747,458	1,145,069	882,230	1,880,551	907,750	1,695,441	919,885	1,415,452	798,407	1,280,442	991,883

附表 7 2013—2020 年中国对外承包工程企业在“一带一路”共建国家按完成营业额分行业统计表

单位：万美元

行业名称	2013	2014	2015	2016	2017	2018	2019	2020
合计	**11,505,076**	**12,330,233**	**13,007,319**	**13,611,015**	**14,016,696**	**14,035,361**	**14,567,126**	**12,821,725**
一般建筑	2,420,614	2,539,286	2,580,385	2,535,761	2,604,815	2,534,824	2,868,864	2,245,423
工业建设	434,233	702,555	675,464	606,850	761,238	821,073	715,382	553,929
制造加工设施建设	331,746	266,604	241,065	264,705	313,335	291,707	299,917	170,567
水利建设	505,970	548,984	546,113	550,439	536,702	622,481	549,585	492,780
废水（物）处理	29,649	64,169	67,976	52,586	36,461	50,877	46,896	54,321
交通运输建设	2,230,201	2,973,289	3,108,856	3,090,972	3,851,956	3,859,965	3,991,389	3,268,969
危险品处理	2,057	6,034	2,739	4,800	1,500	1,607	400	179
电力工程建设	2,096,567	2,489,639	2,504,239	2,453,420	2,529,734	2,626,681	2,986,107	2,822,644
石油化工	1,488,569	1,402,269	1,426,898	2,188,565	1,531,816	1,472,473	1,459,375	1,413,531
通信工程建设	1,514,851	745,902	1,243,264	1,111,837	1,083,281	963,209	980,646	1,037,695
其他	450,619	591,502	610,320	751,080	765,858	790,464	668,565	761,687

注：该表按 2020 年底与中国签署“一带一路”合作协议的国家进行统计。

附表 8　2020 年中国对外承包工程业务分企业统计表

单位：万美元

企业名称	新签合同额	完成营业额
合计	**25,553,561**	**15,593,516**
中央企业	**13,544,343**	**5,976,233**
北方国际合作股份有限公司	143,909	80,385
长江三峡技术经济发展有限公司		15,136
国家电投集团远达环保工程有限公司		4,915
航天信息股份有限公司	8,000	
和建国际工程有限公司		726
建设综合勘察研究设计院有限公司	1,141	1,520
中材矿山建设有限公司		266
中成进出口股份有限公司	443	3,758
中钢集团工程设计研究院有限公司	547	1,731
中钢设备有限公司	11,838	29,668
中工国际工程股份有限公司	166,469	45,535
中国北方车辆有限公司	13,126	7,377
中国长城工业集团有限公司	7,104	3,530
中国成套工程有限公司		12,628
中国大唐集团科技工程有限公司		52
中国地质工程集团有限公司	85,390	58,148
中国地质矿业有限公司		106
中国电缆工程有限公司	515	5,396
中国电力工程顾问集团华北电力设计院有限公司	6	593
中国电力工程有限公司	5,938	29,231
中国电力技术装备有限公司	122,967	101,503
中国港湾工程有限责任公司	1,544,384	538,317
中国公路工程咨询集团有限公司	1,425	11,702
中国国家铁路集团有限公司		158
中国海外工程有限责任公司	4,125	10,139

附表 8　续 1

单位：万美元

企业名称	新签合同额	完成营业额
中国航空规划设计研究总院有限公司	1,007	650
中国航空技术国际工程有限公司	14,517	23,111
中国华电集团有限公司	5,572	
中国华电科工集团有限公司		47,909
中国华冶科工集团有限公司	7,570	555
中国寰球工程有限公司	45,764	30,975
中国机械工业第一建设工程公司	10,131	3,886
中国机械工业集团有限公司		159
中国机械工业建设集团有限公司		4,284
中国机械进出口（集团）有限公司	170,420	50,654
中国机械设备工程股份有限公司	93,208	156,117
中国技术进出口集团有限公司	82,118	54,546
中国建筑第四工程局有限公司		14,446
中国建筑集团有限公司	2,550,641	1,076,185
中国建筑一局（集团）有限公司	13,537	5,275
中国建筑装饰集团有限公司	2,858	15,335
中国交通建设股份有限公司	450,396	494,599
中国京冶工程技术有限公司	46,479	6,922
中国路桥工程有限责任公司	389,775	382,241
中国农业发展集团有限公司		1,973
中国农业机械化科学研究院		203
中国汽车工业工程有限公司	4,209	2,997
中国轻工建设工程有限公司		559
中国石化工程建设有限公司	86	10,525
中国石化集团国际石油工程有限公司	139,466	106,931
中国石油工程建设有限公司	137,277	223,462
中国石油集团长城钻探工程有限公司	154,426	60,854
中国石油集团工程设计有限责任公司	5,036	7,057
中国水产有限公司	58	507

附表 8　续 2

单位：万美元

企业名称	新签合同额	完成营业额
中国水电顾问集团国际工程有限公司	8,586	438
中国水电建设集团国际工程有限公司	2,857,638	557,166
中国水利电力对外有限公司	65,401	77,283
中国水利水电第六工程局有限公司	936	7,958
中国铁建电气化局集团有限公司	4,633	6,028
中国铁建股份有限公司	761,501	315,756
中国铁建国际集团有限公司	963,467	58,314
中国铁路国际有限公司		13,642
中国土木工程集团有限公司	1,503,957	205,723
中国冶金科工集团有限公司	241,175	44,851
中国有色金属建设股份有限公司	1,617	24,425
中国中铁股份有限公司		189,224
中国中元国际工程有限公司	1,910	1,937
中国中原对外工程有限公司		163,540
中国重型机械有限公司	7	31,714
中海工程建设总局有限公司		7,241
中建材国际装备有限公司	9,111	4,389
中建钢构有限公司	13,293	10,096
中交第三公路工程局有限公司	10,928	12,282
中交第四公路工程局有限公司		42,985
中交公路规划设计院有限公司	2,525	3,304
中交路桥建设有限公司		30,990
中交一公局集团有限公司	234,755	94,126
中铝国际工程有限责任公司	13	164
中石化炼化工程（集团）股份有限公司		57,281
中铁第一勘察设计院集团有限公司	64	1,913
中铁工程设计咨询集团有限公司	4,165	83
中铁国际集团有限公司	243,546	20,256
中铁建工集团有限公司	32,047	35,313

附表8 续3

单位：万美元

企业名称	新签合同额	完成营业额
中铁建设集团有限公司	16,574	15,113
中铁十九局集团有限公司	2,749	17,102
中铁隧道局集团有限公司	31,501	51,543
中信海洋直升机股份有限公司		1,100
中信建设有限责任公司	89,232	124,205
中冶京诚工程技术有限公司	1,136	3,315
地方企业	**12,009,217**	**9,617,280**
北京市	**792,162**	**364,794**
安东石油技术（集团）有限公司	10,000	10,829
北京城建集团有限责任公司	250,966	43,742
北京城建亚泰建设集团有限公司	2,001	1,742
北京泛华新兴体育发展有限公司		282
北京华天幕墙工程有限公司	1,832	1,043
北京建工国际建设工程有限责任公司	18,329	28,889
北京建工集团有限责任公司	2,478	21,250
北京丽贝亚建筑装饰工程有限公司		350
北京六建集团有限责任公司		1,235
北京清新环境技术股份有限公司	10,133	
北京首钢建设集团有限公司	3,393	10,502
北京四达时代软件技术股份有限公司		7,142
北京星蝶装备工程技术有限公司	985	662
北京一龙恒业石油工程技术有限公司		13,901
北京中航美林机械设备有限责任公司		1,840
北京中缆通达电气成套有限公司	320	2,808
北京住总集团有限责任公司	8,268	4,597
泛华建设集团有限公司		292
华泰永创（北京）科技股份有限公司	1,315	341
金诚信矿业管理股份有限公司		26,267

附表 8　续 4

单位：万美元

企业名称	新签合同额	完成营业额
矿冶科技集团有限公司		1,650
清华同方威视技术股份有限公司	90,921	17,368
泰豪国际工程有限公司	329	
中地国际工程有限公司	3,905	7,424
中地海外集团有限公司	67,343	33,168
中电国际技术股份有限公司		3,397
中国成套设备进出口集团有限公司	21,481	15,943
中国电气进出口有限公司	9,534	5,985
中国航空国际建设投资有限公司	972	1,759
中国航天建设集团有限公司		1,238
中国能源建设集团国际工程有限公司		6,265
中国首钢国际贸易工程有限公司	1,400	543
中国水电工程顾问集团有限公司		6,186
中国新兴集团有限责任公司		9,287
中国中铁股份有限公司东方国际建设分公司	1,338	23,156
中昊海外建设工程有限公司		1,848
中交机电工程局有限公司		52
中交水运规划设计院有限公司	24	23
中交铁道设计研究总院有限公司	109	257
中矿资源集团股份有限公司	601	1,799
中铁北京工程局集团有限公司	59,593	6,195
中铁第五勘察设计院集团有限公司		750
中铁电气化局集团有限公司	50,436	11,816
中铁六局集团有限公司	3,519	400
中铁十六局集团有限公司	170,635	30,574
天津市	**591,928**	**566,535**
海洋石油工程股份有限公司	135,183	43,627
华为海洋网络有限公司	32,933	34,468

附表8　续5

单位：万美元

企业名称	新签合同额	完成营业额
天津大港油田集团工程建设有限责任公司	1,745	1,358
天津华北地质勘查总院	140	140
天津欧柏威股份有限公司		529
天津市建工工程总承包有限公司		1
天津市市政工程设计研究总院有限公司		19
天津水泥工业设计研究院有限公司	2,913	6,702
天津中海工程管理咨询有限公司		76
天津中油钻探工程有限公司		20
通用电气水电设备（中国）有限公司		1,144
中材节能股份有限公司	17,677	8,302
中国电建集团港航建设有限公司	205	19,797
中国电建市政建设集团有限公司	32,629	50,746
中国建筑第六工程局有限公司		13,153
中国能源建设集团天津电力建设有限公司	93,699	48,894
中国石化集团第四建设公司		3,840
中国石油集团渤海钻探工程有限公司	31,735	33,069
中国水电基础局有限公司		20,536
中国天辰工程有限公司		80,113
中国铁建大桥工程局集团有限公司	10,873	3,375
中国铁路设计集团有限公司		5,701
中海油能源发展装备技术有限公司	2,085	744
中海油田服务股份有限公司	83,000	78,274
中交第一航务工程局有限公司	7,219	42,472
中交第一航务工程勘察设计院有限公司	4,145	2,065
中交海洋建设开发有限公司		2,001
中交天津航道局有限公司		13,906
中交一航局第一工程有限公司		6,457
中水北方勘测设计研究有限责任公司	762	1,233

附表 8　续 6

单位：万美元

企业名称	新签合同额	完成营业额
中铁第六勘察设计院集团有限公司	1,232	409
中铁十八局集团有限公司	133,753	43,148
中冶天工集团有限公司		218
河北省	**307,080**	**277,463**
邯郸中材建设有限责任公司	2,462	2,128
河北地矿建设工程集团公司	3	
河北环亚线缆有限公司	1,100	
河北建工集团国际工程有限公司	17	66
河北建工集团有限责任公司		856
河北建设集团股份有限公司		1,763
河北建设勘察研究院有限公司	6,194	8,182
河北苹乐面粉机械集团有限公司	10,921	215
河北省安装工程有限公司	5,470	15,497
河北省第四建筑工程有限公司		119
河北省水利工程局集团有限公司	4,360	2,611
华北地质勘查局五一四地质大队		8
华北有色工程勘察院有限公司	1,022	561
廊坊华元机电工程有限公司		2,168
廊坊聚力勘探科技有限公司		412
秦皇岛玻璃工业研究设计院有限公司		430
秦皇岛秦冶重工有限公司		1,278
唐钢国际工程技术股份有限公司	6,062	247
中材建设有限公司	31,648	42,393
中国电建集团河北工程有限公司		774
中国电建集团河北省电力勘测设计研究院有限公司	2,327	2,237
中国二十二冶集团有限公司	4,267	5,126
中国化学工程第十三建设有限公司		7,568

附表8　续7

单位：万美元

企业名称	新签合同额	完成营业额
中国石油管道局工程有限公司	107,119	103,190
中国石油集团东方地球物理勘探有限责任公司	122,340	74,278
中国石油天然气管道通信电力工程有限公司	46	417
中建路桥集团有限公司	1,516	859
中煤建筑安装工程集团有限公司	31	
中铁山桥集团有限公司	175	4,080
山西省	**285,134**	**128,040**
赛鼎工程有限公司	10,804	5,652
山西宏厦第一建设有限公司	283	283
山西机械化建设集团公司	3,913	772
山西建设投资集团有限公司	28,737	7,696
山西建筑工程集团有限公司		262
山西京华建设集团有限公司	130	
山西六建集团有限公司	570	2,489
山西潞安工程有限公司		529
山西三建集团有限公司		1,354
山西省地矿建设工程总公司	1,921	1,264
山西省地质工程勘察院	649	135
山西省工业设备安装集团有限公司		2,358
山西四建集团有限公司		138
山西一建集团有限公司		4,334
中国能源建设集团山西电力建设第三有限公司	857	55
中国能源建设集团山西电力建设有限公司		844
中国能源建设集团山西省电力勘测设计院有限公司	50,571	4,482
中化二建集团有限公司	11,725	19,124
中色十二冶金建设有限公司	1,698	481
中铁三局集团有限公司	72,990	39,686
中铁十二局集团有限公司		20,226

附表 8　续 8

单位：万美元

企业名称	新签合同额	完成营业额
中铁十七局集团电气化工程有限公司	476	1,607
中铁十七局集团有限公司	99,809	14,267
内蒙古自治区		**126**
内蒙古德田工贸有限责任公司		126
辽宁省	**229,452**	**88,032**
鞍山紫竹国际贸易有限公司	5,860	5,846
抚顺对外建设经济合作（集团）股份有限公司		176
锦州天晟重工有限公司		50
辽宁省国际经济技术合作集团有限责任公司	172	246
沈阳远大铝业工程有限公司	18,039	19,955
特变电工沈阳变压器集团有限公司	21,259	1,100
中国能源建设集团东北电力第三工程有限公司		1,754
中国能源建设集团东北电力第一工程有限公司	4,409	22,314
中国三冶集团有限公司	228	3,006
中国沈阳国际经济技术合作有限公司	2,956	2,407
中煤科工集团沈阳设计研究院有限公司		156
中铁九局集团有限公司	176,529	31,022
其中：大连市	**22,624**	**25,634**
大连冰山国际贸易有限公司	316	97
大连华锐重工国际贸易有限公司	7,994	9,939
西姆集团有限公司		2,823
中广核核技术发展股份有限公司		1,694
中国大连国际经济技术合作集团有限公司	12,909	8,471
中国能源建设集团东北电力第二工程有限公司	626	216
中冶北方（大连）工程技术有限公司	779	1,330
中冶焦耐（大连）工程技术有限公司		1,064
吉林省	**94,697**	**28,773**
吉林省送变电工程公司	319	2,791
中国电力工程顾问集团东北电力设计院有限公司	85,676	488

附表 8 续 9

单位：万美元

企业名称	新签合同额	完成营业额
中国市政工程东北设计研究总院有限公司		9
中国水利水电第一工程局有限公司	2,361	18,644
中油吉林化建工程股份有限公司	6,341	6,841
黑龙江省	**87,521**	**143,723**
大庆石油管理局	73,312	29,865
大庆石油国际工程有限公司	12,776	3,842
哈尔滨电气国际工程有限责任公司		92,110
哈尔滨空调股份有限公司		927
黑龙江金邑路桥有限责任公司		532
龙建路桥股份有限公司	1,425	16,372
中国能源建设集团黑龙江能源建设有限公司	7	76
上海市	**931,326**	**967,064**
华东建筑设计研究院有限公司	2,963	1,264
辉文室内装饰（上海）有限公司		1
惠生工程（中国）有限公司	3,427	4,533
上海 ABB 工程有限公司	5,212	6,559
上海巴安水务股份有限公司	2,790	2,550
上海宝冶集团有限公司	71,329	19,778
上海电力建设有限责任公司	73,873	68,454
上海电气集团股份有限公司	165,351	174,441
上海电气输配电工程成套有限公司		370
上海鼎信投资（集团）有限公司	43,485	35,252
上海发电设备成套设计研究院有限责任公司	516	336
上海福伊特水电设备有限公司	15,783	39
上海港湾基础建设（集团）股份有限公司	568	593
上海寰球工程有限公司		4,689
上海吉驰建材科技有限公司	657	4,153
上海建工集团股份有限公司	34,236	67,367
上海勘测设计研究院有限公司	488	174

附表 8　续 10

单位：万美元

企业名称	新签合同额	完成营业额
上海蓝滨石化设备有限责任公司		2,904
上海诺基亚贝尔股份有限公司	20,728	10,942
上海市隧道工程轨道交通设计研究院	57	23
上海市园林工程有限公司	9,183	273
上海隧道工程股份有限公司	8,216	32,132
上海外经集团控股有限公司		1,882
上海信安幕墙建筑装饰有限公司		468
上海振华重工（集团）股份有限公司	173,996	139,046
上海中建海外发展有限公司	7,739	
上海中远川崎重工钢结构有限公司	2,409	
上海自贸试验区 ABB 实业有限公司	761	347
思源电气股份有限公司	8,879	5,737
五冶集团上海有限公司		1,235
正泰电气股份有限公司	825	4,862
中电投电力工程有限公司	85,269	10,209
中国船舶重工集团公司第七一一研究所	829	2,567
中国二十冶集团有限公司	14,824	4,929
中国海诚工程科技股份有限公司	468	8,644
中国核工业第五建设有限公司	30,591	26,194
中国建材国际工程集团	9,022	14,312
中国建筑第八工程局有限公司		121,977
中国能源工程集团有限公司		23,040
中国铁路通信信号上海工程局集团有限公司	228	819
中交第三航务工程局有限公司	79,112	51,553
中交第三航务工程勘察设计院有限公司	12,080	2,107
中交上海航道局有限公司		9,750
中交疏浚（集团）股份有限公司		67,000
中曼石油天然气集团股份有限公司	6,425	14,388

附表 8　续 11

单位：万美元

企业名称	新签合同额	完成营业额
中铁二十四局集团有限公司	12,716	3,690
中铁上海工程局集团有限公司	739	4,624
中铁十五局集团有限公司	23,064	8,285
中冶宝钢技术服务有限公司	2,489	2,573
江苏省	**545,570**	**624,428**
宝胜高压电缆有限公司		410
常熟风范电力设备股份有限公司	3,897	1,245
常州海登赛思涂装设备有限公司		885
国电南京自动化股份有限公司		135
国电南瑞科技股份有限公司	2,433	
河海科技工程集团有限公司		12,287
亨通国际工程建设有限公司	69	24
化学工业岩土工程有限公司	904	1,392
惠生（南通）重工有限公司	41,337	22,560
建湖华耀建筑工程有限公司		59
江苏长虹智能装备股份有限公司		1
江苏城乡建设工程有限公司		9
江苏大汉建设实业集团有限责任公司	1,932	1,525
江苏大江建设工程有限公司	711	2,927
江苏丰尚智能科技有限公司	170	600
江苏富邦环境建设集团有限公司	740	811
江苏海企技术工程股份有限公司		93
江苏海通建设工程有限公司		747
江苏邗建集团有限公司	34	4,124
江苏亨通光电股份有限公司	715	1,360
江苏恒远国际工程有限公司	33,000	3,670
江苏鸿基建筑安装工程有限公司	13,357	134
江苏华能建设工程集团有限公司		756

附表 8　续 12

单位：万美元

企业名称	新签合同额	完成营业额
江苏华鹏变压器有限公司	6,280	6,280
江苏建达建设股份有限公司		63
江苏江安集团有限公司	1,299	1,025
江苏江都建设集团有限公司	11,308	1,321
江苏金马工程有限公司	572	1,953
江苏金品建筑工程有限公司		1,000
江苏金坛建工集团有限公司		1,301
江苏金土木建设集团有限公司		77
江苏坤龙建设工程有限公司		4,047
江苏溧阳城建集团有限公司		800
江苏凌志环保工程有限公司		25
江苏南通二建集团有限公司	10,148	6,166
江苏南通六建建设集团有限公司	555	3,040
江苏南通三建集团股份有限公司	6,706	50,725
江苏南通三建建筑装饰有限公司	200	2,265
江苏鹏飞集团股份有限公司	10,500	6,410
江苏瑞沃建设集团有限公司		178
江苏省地质工程有限公司	2,146	908
江苏省工业设备安装集团有限公司	1,092	372
江苏省华建建设股份有限公司	7,497	3,445
江苏省建设集团有限公司	1,146	2,063
江苏省建筑工程集团有限公司	42,272	45,890
江苏省交通工程集团有限公司		5,624
江苏省溧阳市云龙设备制造有限公司		1,200
江苏省水文地质工程地质勘察院	194	189
江苏省苏中建设集团股份有限公司		312
江苏水利外经公司		275
江苏顺通建设集团有限公司	3,679	2,680

附表 8　续 13

单位：万美元

企业名称	新签合同额	完成营业额
江苏苏美达成套设备工程有限公司	10,899	6,560
江苏苏兴建设工程有限公司		2,437
江苏天力建设集团有限公司		390
江苏天目建设集团有限公司	314	555
江苏通州四建集团有限公司	4,373	4,174
江苏新时代造船有限公司	11,110	10,444
江苏扬子鑫福造船有限公司	30,302	12,400
江苏永鼎股份有限公司		13,479
江苏永鼎泰富工程有限公司	1,814	11,204
江苏毓恒建设工程有限公司	826	41
江苏镇淮建设集团有限公司	6,500	4,165
江苏中南建筑产业集团有限责任公司		15,267
江苏中天科技股份有限公司		6,970
江苏中祥建设集团有限公司		2,290
今创集团股份有限公司	4,285	4,759
锦宸集团有限公司	798	798
溧阳中材重型机器有限公司		2,607
龙海建设集团有限公司		49
龙信建设集团有限公司	37,046	19,045
迈安德集团有限公司	2,960	2,736
南京玻璃纤维研究设计院有限公司		57
南京大地建设（集团）股份有限公司		1,250
南京大地建设集团有限责任公司		6,120
南京大吉铁塔制造有限公司	133	977
南京对外经济合作有限公司	436	134
南京交通工程有限公司	1,782	650
南京凯盛国际工程有限公司		3,819
南京南化建设有限公司	537	371

附表 8　续 14

单位：万美元

企业名称	新签合同额	完成营业额
南京南瑞继保电气有限公司		250
南京西普水泥工程集团有限公司		1,954
南京中新赛克科技有限责任公司	2,256	1,147
南瑞集团有限公司	2,065	112
南通华晟链条有限公司		2,082
南通建工集团股份有限公司	8,713	16,156
南通市达欣工程股份有限公司	4,127	4,100
南通四建集团有限公司		10,045
南通苏中建设有限公司	770	2,044
南通鑫诺建设工程有限公司	1,371	1,470
南通远洋渔业公司	320	320
苏州华宇建设安装有限公司	650	100
苏州中材建设有限公司	18,125	18,540
泰兴一建建设集团有限公司		4,904
泰州市高港对外经济技术合作有限公司		1,214
通州建总集团有限公司	572	300
新誉集团有限公司	68	102
徐州矿务集团有限公司		2,710
徐州通域空间结构有限公司	73	73
徐州中煤百甲重钢科技股份有限公司	2,373	1,132
盐城市新洋建设工程有限公司	5,335	20
镇江第二建筑工程有限公司		212
镇江国际经济技术合作有限公司	9,435	8,652
镇江建工建设集团有限公司		15
正太集团有限公司	20,861	14,389
中车戚墅堰机车有限公司	428	3,822
中城建第十三工程局有限公司	546	725
中电环保股份有限公司	803	151

附表 8　续 15

单位：万美元

企业名称	新签合同额	完成营业额
中国核工业华兴建设有限公司		9,099
中国化学工程第十四建设有限公司	627	2,677
中国江苏国际经济技术合作集团有限公司	24,013	40,577
中国能源建设集团江苏省电力建设第三工程有限公司		8,480
中国能源建设集团江苏省电力建设第一工程有限公司		2,220
中国能源建设集团江苏省电力设计院有限公司	42,902	1,705
中国石油天然气管道第二工程有限公司		1,600
中国中材国际工程股份有限公司	19,990	48,021
中建安装集团有限公司	10	3,031
中建八局第三建设有限公司	10,837	
中交二航局第三工程有限公司		1,492
中煤第五建设有限公司	45	2,699
中石化华东石油工程有限公司	1,100	1,481
中石化江苏油建工程有限公司	100	17,945
中石化南京工程有限公司	46,872	14,935
中天科技海缆有限公司		200
中铁大桥局集团第四工程有限公司		27,294
中铁钢结构有限公司		54
中兴建设有限公司		3,510
中亿丰建设集团股份有限公司		447
中邮建技术有限公司	1,176	1,088
浙江省	**271,503**	**467,152**
东阳市中筑建设有限公司		233
东芝水电设备（杭州）有限公司		1,350
海天建设集团有限公司	340	500
杭萧钢构股份有限公司		3,043
杭州海兴电力科技股份有限公司	12,777	12,777

附表 8　续 16

单位：万美元

企业名称	新签合同额	完成营业额
杭州华星创业通信技术股份有限公司		86
杭州市交通工程集团有限公司		980
杭州市设备安装有限公司	157	97
杭州之江市政建设有限公司	6,300	11,850
杭州中能汽轮动力有限公司		1,742
华汇建设集团有限公司		1,502
华信咨询设计研究院有限公司	222	1,995
华仪国际电力有限公司	874	670
精工工业建筑系统有限公司	1,030	2,947
利欧集团股份有限公司		6,380
诺力智能装备股份有限公司	815	2,748
青山控股集团有限公司	10,900	5,818
三变科技股份有限公司		745
泰昌建设有限公司	55	2,906
万向集团公司		10,643
温岭市宏远交通工程有限公司		300
卧龙电气驱动集团股份有限公司		6,730
西子奥的斯电梯有限公司		10,363
宇杰建设集团有限公司		1,134
浙富控股集团股份有限公司		1,178
浙江八咏公路工程有限公司	5,163	584
浙江宝绿特环保技术工程有限公司	698	2,711
浙江宝树建设有限公司	1,666	1,120
浙江贝盛绿能科技有限公司		690
浙江城建建设集团有限公司	1,688	8,055
浙江大华科技有限公司	7,899	8,403
浙江丰汇远洋渔业有限公司		789
浙江国贸集团东方机电工程股份有限公司		5,382

附表 8　续 17

单位：万美元

企业名称	新签合同额	完成营业额
浙江华汇安装股份有限公司		680
浙江华立国际发展有限公司	935	407
浙江华冶矿建集团有限公司		392
浙江华友钴业股份有限公司		7,650
浙江江能建设有限公司		168
浙江交工集团股份有限公司	81	16,042
浙江金轮机电实业有限公司	1,623	1,611
浙江精工重钢结构有限公司		2,496
浙江凯乐士科技有限公司	1,478	1,034
浙江科菲科技股份有限公司	3,850	2,400
浙江浦江缆索有限公司	7,000	530
浙江三一装备有限公司		1,915
浙江省大成建设集团有限公司		1,939
浙江省第一水电建设集团股份有限公司		5,082
浙江省东阳第三建筑工程有限公司	1,824	16,976
浙江省机械设备进出口有限责任公司		63
浙江省建设投资集团有限公司	109,302	85,216
浙江省交通规划设计研究院		455
浙江省临海市古建筑工程公司	260	110
浙江省水电建筑安装有限公司	286	203
浙江省水利水电勘测设计院		65
浙江省邮电工程建设有限公司	9,288	6,174
浙江铜加工研究院有限公司		2,380
浙江新东阳建设集团有限公司		1,749
浙江新鑫钢结构有限公司		498
浙江瀛源建筑科技有限公司		514
浙江永达实业集团有限公司	200	200
浙江兆龙互连科技股份有限公司	873	2,665

附表 8　续 18

单位：万美元

企业名称	新签合同额	完成营业额
浙江正泰太阳能科技有限公司	5,768	5,014
浙江中超建设集团有限公司		550
浙江中力机械有限公司		46
浙江诸安建设集团有限公司		746
振石控股集团有限公司	4,000	4,000
中地海外水务有限公司	513	10,609
中国电建集团华东勘测设计研究院有限公司	54,799	57,915
中国电子进出口浙江公司		40
中国能源建设集团浙江火电建设有限公司	459	26,703
中国能源建设集团浙江省电力设计院有限公司	9,300	
中国水产舟山海洋渔业有限公司		76,340
中天建设集团有限公司	9,080	9,124
其中：宁波市	**111,812**	**176,966**
东方日升新能源股份有限公司	21,840	13,386
宏润建设集团股份有限公司		5,181
华丰建设股份有限公司		4,759
华业钢构有限公司	4,396	3,751
捷胜海洋装备股份有限公司	1,057	513
金丰（中国）机械工业有限公司	263	408
龙元建设集团股份有限公司		9,896
敏实汽车技术研发有限公司	834	834
摩林铝业（宁波）有限公司	107	107
宁波贝泰灯具有限公司	2,565	2,108
宁波必沃纺织机械有限公司	820	1,014
宁波创基机械有限公司		911
宁波慈星股份有限公司	1,518	1,895
宁波大千进出口有限公司	4,308	4,308
宁波大智机械科技股份有限公司	1,742	1,065

附表 8　续 19

单位：万美元

企业名称	新签合同额	完成营业额
宁波东海集团有限公司	1,264	1,227
宁波海港工程有限公司	958	771
宁波海晶塑机制造有限公司	1,782	227
宁波恒洋港航工程有限公司	3,000	1,200
宁波沪港食品机械制造有限公司	460	634
宁波华星钢构股份有限公司		74
宁波建工股份有限公司		564
宁波金羽桥照明科技有限公司	1,963	1,290
宁波乐惠国际工程装备股份有限公司	4,870	3,868
宁波乐士集团有限公司	4,311	5,405
宁波连通设备集团有限公司	155	76
宁波燎原照明集团有限公司	60	1,410
宁波敏实汽车零部件技术研发有限公司	617	1,374
宁波宁电进出口有限公司	4,100	6,502
宁波欧亚远洋渔业有限公司	515	702
宁波普光全球能源有限公司	4,000	4,000
宁波球冠进出口有限公司	3,500	13
宁波三星智能电气有限公司	7,542	9,582
宁波市慈溪进出口股份有限公司	465	2,542
宁波市建设集团股份有限公司		641
宁波市象山防腐工程有限公司		3,148
宁波泰来环保设备有限公司		2,950
宁波天翼石化重型设备制造有限公司	4,426	4,424
宁波万里管道有限公司	71	71
宁波欣达（集团）有限公司	214	6,312
宁波耀泰电器有限公司	1,231	811
宁波亿泰控股集团股份有限公司	80	68
宁波亿鑫诚电器有限公司	2,400	1,800
宁波易通建设有限公司		558

附表 8 续 20

单位：万美元

企业名称	新签合同额	完成营业额
宁波尤利卡太阳能科技发展有限公司	840	8,644
宁波韵升智能技术有限公司	514	490
宁波中策动力机电集团有限公司	1,842	5,650
余姚市对外贸易有限公司	146	124
余姚市亚东塑业有限公司	125	107
浙江大丰实业股份有限公司	1,393	950
浙江华业电力工程股份有限公司		2,414
浙江嘉航疏浚工程有限公司		57
浙江巨杰工程建设有限公司	135	969
浙江日本和惠照明科技有限公司	1,560	995
浙江省电力建设有限公司		4,126
浙江泰来环保科技有限公司		2,470
浙江梯梯建设有限公司		2,560
浙江天时国际经济技术合作有限公司		1,900
浙江希彦建设有限公司	212	65
浙江易通特种基础工程股份有限公司	1,169	481
镇海石化工程股份有限公司		1,338
中慈国际建设集团有限公司		680
中达建设集团股份有限公司		2,050
中国化学赛鼎宁波工程有限公司		220
中交第三航务工程局有限公司宁波分公司	325	10,056
中交上航局航道建设有限公司	6,417	7,887
中石化宁波工程有限公司	9,701	10,353
安徽省	**280,749**	**250,222**
安徽电信工程有限责任公司	82	3,094
安徽电信规划设计有限责任公司	172	
安徽海螺水泥股份有限公司	5,636	1,480
安徽集桥建设有限公司		3,656

附表 8　续 21

单位：万美元

企业名称	新签合同额	完成营业额
安徽建工集团有限公司		19,108
安徽民生信息股份有限公司		974
安徽鹏德建筑安装有限公司	834	844
安徽三建工程有限公司		60
安徽省安泰科技股份有限公司	1,467	384
安徽省华安外经建设（集团）有限公司	831	41,418
安徽水安建设集团股份有限公司	8,666	6,346
安徽四建控股集团有限公司		3,612
安徽中机诚建建设有限公司		4,088
安徽中康联建设有限公司		65
安徽中亚钢结构工程有限公司	1,131	1,406
蚌埠市国际经济技术合作有限公司	7,798	7,010
蚌埠阳光投资股份有限公司		454
东华工程科技股份有限公司		1,041
合肥建工集团有限公司		718
合肥水泥研究设计院有限公司	48	32
马钢设计研究院有限责任公司		37
铜陵有色金属集团铜冠建筑安装股份有限公司		1,382
铜陵有色金属集团铜冠矿山建设股份有限公司	23,167	6,427
芜湖东南亚国际贸易有限公司		1,133
中安华力建设集团有限公司	9,008	7,636
中国化学工程第三建设有限公司	88,414	29,973
中国机械工业第五建设工程公司	3,041	2,095
中国能源建设集团安徽电力建设第二工程有限公司	2,443	11,733
中国能源建设集团安徽电力建设第一工程有限公司		13,249
中国能源建设集团安徽省电力设计院有限公司	31	3
中国十七冶集团有限公司	6,896	14,688
中建材蚌埠玻璃工业设计研究院有限公司	12,254	11,398

附表 8 续 22

单位：万美元

企业名称	新签合同额	完成营业额
中交二航局第四工程有限公司		650
中煤第三建设（集团）有限责任公司		5,681
中铁十局集团第三建设有限公司	2,345	4,022
中铁四局集团有限公司	105,917	44,134
中冶华天工程技术有限公司	569	193
福建省	**79,418**	**122,804**
福建建工集团有限责任公司	745	4,731
福建南平国际经济技术合作有限公司		524
福建省电力工程承包公司	8,586	7,935
福建省工业设备安装有限公司	82	626
福建永福电力设计股份有限公司		5,737
中国电建集团福建工程有限公司	987	19,241
中国电建集团福建省电力勘测设计院有限公司	2,417	624
中国电建集团航空港建设有限公司		15,824
中国水利水电第十六工程局有限公司		25,924
中国武夷实业股份有限公司	49,349	35,458
中建海峡建设发展有限公司		1,293
紫金矿业建设有限公司	17,252	4,888
其中：厦门市	**198**	**6,097**
大成工程建设集团有限公司		5,148
珀挺机械工业（厦门）有限公司	68	789
厦门安成投资置业有限公司	130	160
江西省	**390,457**	**406,373**
赣州腾远钴业有限公司		4,107
江联国际工程有限公司		17,464
江联重工股份有限公司	1,499	1,855
江西昌南建设集团有限公司	300	300
江西华昌基建工程有限公司	2,000	2,350

附表 8　续 23

单位：万美元

企业名称	新签合同额	完成营业额
江西建工第二建筑有限责任公司		4,807
江西建工第三建筑有限责任公司		156
江西建工第四建筑有限责任公司		98
江西久盛国际电力工程有限公司		10,003
江西煤田地质局普查综合大队		7,862
江西耐普矿机股份有限公司	12,900	5,943
江西省地质工程（集团）公司		887
江西省地质矿产开发总公司		10
江西省建工集团有限责任公司	53,999	15,299
江西省交通工程集团有限公司	8,170	236
江西省水利水电建设有限公司	22,545	38,440
江西有色建设集团有限公司		8,803
江西中煤国际控股集团有限公司		1,100
江西中煤建设集团有限公司	77,935	98,985
南昌对外工程有限责任公司		644
南昌国际经济技术合作公司		612
南昌三建建设集团有限公司		2,238
南昌市政工程开发集团有限公司		459
万宝建工集团有限公司		697
中承国际工程有限公司	4,300	4,150
中鼎国际工程有限责任公司	23,921	36,531
中国电建集团江西省电力建设有限公司		3,008
中国电建集团江西省电力设计院有限公司	19,385	5,354
中国电建集团江西省水电工程局有限公司		9,539
中国江西国际经济技术合作有限公司	160,379	102,364
中国瑞林工程技术股份有限公司	3,124	4,133
中恒建设集团有限公司		221

附表 8　续 24

单位：万美元

企业名称	新签合同额	完成营业额
中水建管国际工程有限公司		157
中铁大桥局集团第五工程有限公司		11,936
中铁九桥工程有限公司		458
中阳建设集团有限公司		5,166
山东省	**662,438**	**655,201**
迪尔集团有限公司	6,182	4,587
东方电子股份有限公司	906	
佶缔纳士机械有限公司	3,066	3,066
济南锅炉集团有限公司		361
济南四建（集团）有限责任公司	3,893	961
杰瑞石油天然气工程有限公司	1,200	1,100
巨野兴业人力资源有限公司	700	125
青岛海发置业有限公司	320	320
青岛建设装饰集团有限公司	249	120
山东安鼎建筑工程有限公司		242
山东宝迪朗格健身器材有限公司	350	350
山东北方滨海机器有限公司	2,598	2,598
山东盛华建设工程有限公司	600	4,141
山东盛资泵业科技有限公司	1,485	1,485
山东诚信工程建设监理有限公司		1,043
山东创艺装饰工程有限公司		311
山东大通机械科技有限公司	1,465	1,465
山东德建集团有限公司	16,892	19,099
山东电工电气集团有限公司	35	35
山东电力工程咨询院有限公司		379
山东电力设备有限公司	398	398
山东港通工程管理咨询有限公司		26
山东高速路桥国际工程有限公司	327	11,361

附表 8 续 25

单位：万美元

企业名称	新签合同额	完成营业额
山东高速尼罗投资发展有限公司		9,148
山东海湾吊装工程股份有限公司		26
山东宏马工程机械有限公司	435	435
山东虹桥热电股份有限公司	30	47
山东华成集团有限公司	2,218	2,218
山东金晶节能玻璃有限公司	2,409	2,409
山东金周石油装备开发有限公司	636	636
山东经典建设工程有限公司		615
山东军辉建设集团有限公司	5	1,207
山东凯沃起重吊装工程有限公司		4,185
山东科瑞石油装备有限公司		7,974
山东丽能电力技术股份有限公司	1,929	1,331
山东龙泉管道工程股份有限公司	1,469	1,469
山东鲁电国际贸易有限公司		55
山东鲁阳股份有限公司	928	928
山东三金玻璃机械有限公司	2,855	2,855
山东山博电机集团有限公司	465	465
山东省路桥集团有限公司	12,671	56,900
山东省显通安装有限公司		570
山东省冶金设计院股份有限公司	601	952
山东省源通机械股份有限公司	66	66
山东胜越石化工程建设有限公司		1,295
山东水利建设集团有限公司		335
山东硕博泵业有限公司	1,206	1,206
山东泰安建筑工程集团有限公司	3,200	6,100
山东泰开电力建设工程有限公司	4,050	3,580
山东泰开高压开关有限公司	223	1,065
山东唐骏欧铃汽车制造有限公司	1,500	1,300
山东兴玉机械科技有限公司		487

附表 8　续 26

单位：万美元

企业名称	新签合同额	完成营业额
山东雄狮建筑装饰股份有限公司	851	1,160
山东颜山泵业有限公司	1,873	1,873
山东中通钢构建筑股份有限公司		30
山东淄建集团有限公司	21,270	18,963
胜利油田东胜工贸有限责任公司	83	201
特变电工山东鲁能泰山电缆有限公司	2,310	
天元建设集团有限公司	2,129	13,488
威海国际经济技术合作有限公司	50,021	50,086
威海建设集团股份有限公司	31,150	5,507
威海市联桥国际合作集团有限公司		2,964
潍坊昌大建设集团有限公司	380	380
信邦建设工程有限公司	1,100	475
兴润建设集团有限公司	2,700	3,100
烟建集团有限公司	42,013	45,000
烟台龙源电力技术股份有限公司	1,933	
源和电站股份有限公司		2,232
中国电建集团核电工程有限公司	8,726	141,999
中国电建集团山东电力建设第一工程有限公司	44,225	12,016
中国电建集团山东电力建设有限公司	100,000	33,630
中国山东对外经济技术合作集团有限公司	21,498	52,376
中化学交通建设集团有限公司		628
中建八局第二建设有限公司		6,290
中建八局第一建设有限公司	27,994	25,095
中石化胜利建设工程有限公司	3,941	1,441
中石化胜利石油工程有限公司	238	38
中铁十局集团有限公司	127,737	41,756
中铁十四局集团有限公司	91,876	29,677
淄博传强电机有限公司	482	482
淄博恒国工业设备安装有限公司		127

附表 8　续 27

单位：万美元

企业名称	新签合同额	完成营业额
淄博金尔工贸有限公司	149	558
淄博桑德机械设备有限公司	200	200
其中：青岛市	**348,234**	**287,779**
东亚装饰股份有限公司		203
海工英派尔工程有限公司	22,396	8,863
青岛安装建设股份有限公司	3,453	2,930
青岛海川建设集团有限公司		1,486
青岛海德工程集团股份有限公司		9
青岛市政空间开发集团有限责任公司		1,763
青岛太平洋海洋工程有限公司	478	216
青岛西海岸控股发展有限公司	10,790	6,344
青岛一建集团有限公司		1,445
青岛越洋工程咨询有限公司		104
青岛中嘉建设集团有限公司		234
青岛中筑置业有限公司		211
青岛中资中程集团股份有限公司		850
青建集团股份公司	64,087	68,532
山东电建铁军电力工程有限公司		150
山东电力建设第三工程有限公司	193,354	140,548
中诚祥建设集团有限公司		210
中国石油天然气第七建设有限公司		15,029
中建筑港集团有限公司	15,667	3,618
中启胶建集团有限公司	26,332	20,018
中青建安建设集团有限公司	4,417	5,264
中石化第十建设有限公司	7,260	9,754
河南省	**494,046**	**335,194**
安阳建设（集团）劳务有限责任公司	150	80
安阳利浦筒仓工程有限公司	666	500

附表 8　续 28

单位：万美元

企业名称	新签合同额	完成营业额
河南第一火电建设公司		39
河南国基实业集团有限公司		18
河南海外工程建设有限公司		176
河南宏盛实业有限公司	30	30
河南宏奇建筑工程有限公司	285	35
河南佳业建筑劳务有限公司	5	1,351
河南建总国际工程有限公司		475
河南锦路路桥建设有限公司		11
河南森源电气股份有限公司		33
河南省安装集团有限责任公司	965	1,560
河南省地质矿产勘查开发局第二地质矿产调查院	392	
河南省帝增建筑工程有限公司	100	200
河南省第二建设集团有限公司	1,541	2,810
河南省公路工程局集团有限公司	2,999	2,076
河南省交通规划设计研究院股份有限公司	2,008	207
河南省水利第一工程局		891
河南省水利勘测设计研究有限公司	10,406	2,465
河南省水文地质工程地质勘察院有限公司		485
河南省中宇地质工程勘察院	17	61
河南送变电建设有限公司	987	338
河南五建建设集团有限公司		529
黄河勘测规划设计有限公司		770
机械工业第六设计研究院有限公司		218
机械工业第四设计研究院有限公司	499	782
焦作科瑞森重装股份有限公司		224
平高集团有限公司	34,006	7,693
濮阳市裕丰电力科技工程有限公司	450	50
三门峡市昌通路桥建设有限责任公司		166

附表 8　续 29

单位：万美元

企业名称	新签合同额	完成营业额
中国电建集团河南工程有限公司		6,698
中国电建集团河南省电力勘测设计院有限公司	39	950
中国河南国际合作集团有限公司	57,683	44,479
中国化学工程第十一建设有限公司	72,959	14,984
中国黄金集团第三工程有限公司	922	584
中国机械工业国际合作有限公司		746
中国机械工业机械工程有限公司		2,591
中国建筑第七工程局有限公司	21,990	3,698
中国石油天然气第一建设有限公司		22,403
中国水利水电第十一工程局有限公司	5,786	62,462
中国有色金属工业第六冶金建设有限公司	14,641	5,053
中石化河南油建工程有限公司	102	72
中石化华北石油工程有限公司	9,441	21,688
中石化中原建设工程有限公司	3,246	2,221
中石化中原石油工程有限公司	66,080	52,456
中石化中原油建工程有限公司		1,235
中铁工程装备集团有限公司	18,290	7,960
中铁七局集团有限公司	165,808	59,618
中铁十局集团第二工程有限公司	1,553	1,024
湖北省	**1,789,911**	**641,470**
宝业湖北建工集团有限公司	8,400	1,562
长江勘测规划设计研究有限责任公司	17,028	7,322
长江勘测规划设计研究院	1,779	1,836
汉江水利水电（集团）有限责任公司	703	190
湖北长江路桥股份有限公司		1,422
湖北地矿建设工程承包集团有限公司		1,175
湖北国际经济技术合作有限公司	2,229	1,163
湖北省工业建筑集团有限公司	1,815	1,646
湖北省水文地质工程地质勘察院	254	238

附表 8 续 30

单位：万美元

企业名称	新签合同额	完成营业额
湖北水总水利水电建设股份有限公司	1,678	33
华中电力国际经贸有限责任公司		2,442
荆门宏图特种飞行器制造有限公司	5,573	2,676
十五冶对外工程有限公司	5,021	9,516
武汉烽火国际技术有限责任公司	62,693	41,041
武汉建筑材料工业设计研究院有限公司	591	867
武汉凌云建筑装饰工程有限公司	7,960	3,771
中贝通信集团股份有限公司	6,102	2,563
中国电建集团湖北工程有限公司	69,693	26,145
中国电力工程顾问集团中南电力设计院有限公司	5,369	4,596
中国葛洲坝集团股份有限公司	1,180,267	210,334
中国核工业第二二建设有限公司	9,153	7,505
中国化学工程第六建设有限公司	3,965	12,708
中国化学工程第十六建设公司	51	326
中国建筑第三工程局有限公司	196,176	114,879
中国十五冶金建设集团有限公司	12,316	22,023
中国五环工程有限公司		11,287
中国一冶集团有限公司	2,008	2,740
中建三局第一建设工程有限责任公司	7,773	13,895
中交第二公路勘察设计研究院有限公司	96	899
中交第二航务工程局有限公司		39,397
中交第二航务工程勘察设计院有限公司	5,013	4,463
中南建筑设计院股份有限公司	2,143	856
中铁大桥局集团有限公司	84,058	35,835
中铁大桥勘测设计院集团有限公司	1,182	302
中铁第四勘察设计院集团有限公司	1,168	715
中铁科工集团有限公司	1,264	1,515
中铁十一局集团有限公司	61,825	14,503
中铁武汉电气化局集团有限公司	14,454	5,619
中冶集团武汉勘察研究院有限公司	180	432

附表8　续31

单位：万美元

企业名称	新签合同额	完成营业额
中冶南方工程技术有限公司	9,932	31,031
湖南省	**350,323**	**225,301**
湖南奉天建设集团有限公司		1,477
湖南红太阳新能源科技有限公司	1,139	955
湖南汇洋国际劳务有限公司		983
湖南基础工程公司	400	1,037
湖南建工集团有限公司	1,743	9,298
湖南交通国际经济工程合作有限公司	2,607	3,234
湖南涟邵建设工程（集团）有限责任公司	3,410	819
湖南零陵恒远发电设备有限公司	238	48
湖南路桥建设集团有限责任公司	4,264	14,892
湖南省第二工程有限公司		1,178
湖南省第六工程有限公司	10,533	2,805
湖南省第四工程有限公司	442	671
湖南省工业设备安装有限公司	16,726	4,571
湖南省同龙建筑工程有限公司		1,197
湖南腾达电力建设有限公司		20
湖南五新模板有限公司		72
湖南湘江电力建设集团有限公司		567
湖南垚成建设有限公司		583
湖南云箭集团有限公司		703
湖南中筑实业有限公司		2,406
华自科技股份有限公司		776
邵阳公路桥梁建设有限责任公司		870
特变电工衡阳变压器有限公司	64,661	3,074
五矿二十三冶建设集团有限公司		3,581
中地海外中扬建设有限公司		6,481
中国电建集团中南勘测设计研究院有限公司	62,629	27,780

附表 8 续 32

单位：万美元

企业名称	新签合同额	完成营业额
中国建筑第五工程局有限公司	53,076	28,376
中国能源建设集团湖南火电建设有限公司	2,797	3,897
中国能源建设集团湖南省电力设计院有限公司	47,271	788
中国轻工业长沙工程有限公司	5,349	4,433
中国水利水电第八工程局有限公司	4,431	88,672
中国水利水电建设工程咨询中南有限公司		4
中航长沙设计研究院有限公司	214	43
中铁城建集团有限公司	35,910	9,008
中冶长天国际工程有限责任公司	32,483	
广东省	**347,095**	**231,279**
保利长大工程有限公司	1,583	4,497
保利长大海外工程有限公司	8,589	8,089
方大智创科技有限公司	7,976	2,011
佛山安德里茨技术有限公司	3,491	5,263
广东建工对外建设有限公司	12,099	12,954
广东省工业设备安装有限公司	498	400
广东省水利水电第三工程局有限公司		225
广州杰赛科技股份有限公司		1,906
广州珠江装修工程有限公司	763	
中国广州国际经济技术合作有限公司		1,396
中国能源建设集团广东电力工程局有限公司		39
中国能源建设集团广东火电工程有限公司	94,653	43,393
中国能源建设集团广东省电力设计研究院有限公司	139,272	7,397
中国铁建港航局集团有限公司	13,619	4,426
中交第四航务工程局有限公司	25,035	87,115
中交第四航务工程勘察设计院有限公司	595	13,351
中交广州航道局有限公司	212	1,015
中石化第五建设有限公司	9,161	26,351
中铁二十五局集团有限公司	2,176	6,743

附表 8　续 33

单位：万美元

企业名称	新签合同额	完成营业额
中铁广州工程局集团有限公司	27,376	4,708
其中：深圳市	**1,526,052**	**1,335,259**
比亚迪汽车工业有限公司	118,141	198
长园深瑞继保自动化有限公司	487	143
广东爱得威建设（集团）股份有限公司		351
海能达通信股份有限公司	638	
华为技术有限公司	1,232,779	1,224,796
深圳广田集团股份有限公司	75	960
深圳市宝鹰建设集团股份有限公司		74
深圳市建安（集团）股份有限公司	266	2,342
深圳中广核工程设计有限公司	4,097	3,329
招商局国际信息技术有限公司	341	118
中广核工程有限公司	6,107	3,464
中国华西企业有限公司	40,046	2,994
中通信息服务有限公司	730	308
中兴通讯股份有限公司	122,343	96,183
广西壮族自治区	**39,820**	**27,009**
广西博世科环保科技股份有限公司	1,000	839
广西海外建设集团有限公司		3,639
广西建工集团第五建筑工程有限责任公司	5,265	1,145
广西建工集团第一安装有限公司	4,302	7,874
广西九桂杰达建筑安装工程有限公司		493
广西九桂杰达进出口贸易有限公司		788
广西路建工程集团有限公司		12
广西送变电建设有限责任公司	3,591	875
广西壮族自治区水电工程局	8,723	5,657
十一冶建设集团有限责任公司		1,217
中国能源建设集团广西电力设计研究院有限公司	14,362	1,066
中国轻工业南宁设计工程有限公司	439	370

附表 8　续 34

单位：万美元

企业名称	新签合同额	完成营业额
中国石油天然气第六建设有限公司	2,139	1,505
中建八局南方建设有限公司		1,529
重庆市	**48,251**	**57,223**
中城投集团第三工程局有限公司		6,843
中国葛洲坝集团易普力股份有限公司		2,164
中交二航局第二工程有限公司		12,302
中煤科工重庆设计研究院（集团）有限公司	15	10
中冶建工集团有限公司	8,584	7,680
中冶赛迪工程技术股份有限公司	2,567	5,677
重庆对外建设（集团）有限公司	23,944	13,355
重庆国际贸易集团有限公司	1,089	2,443
重庆建峰工业集团有限公司		1,105
重庆建工集团股份有限公司		510
重庆乐立森建筑工程有限公司	8,000	
重庆赛迪工程咨询有限公司	226	215
重庆赛迪热工环保工程技术有限公司	1,239	972
重庆市公路工程（集团）股份有限公司	2	1,076
重庆水轮机厂有限责任公司	1,011	1,490
重庆泰山电缆有限公司		144
重庆新世纪电气有限公司	1,576	650
重庆中环建设有限公司		589
四川省	**624,533**	**518,056**
成都建筑材料工业设计研究院有限公司		12,026
成都龙之泉科技股份有限公司		492
川铁国际经济技术合作有限公司		644
东方电气集团国际合作有限公司	160,071	42,787
华西能源工业股份有限公司	3,850	3,500
水发安和集团有限公司		585

附表 8　续 35

单位：万美元

企业名称	新签合同额	完成营业额
四川高氏荣鑫建设工程有限公司		1,490
四川公路桥梁建设集团有限公司	1,109	9,205
四川宏华石油设备有限公司		1,010
四川华西海外投资建设有限公司		889
四川省场道工程有限公司		1,170
四川省地质工程集团公司		2,288
四川省第三建筑工程公司	16,182	4,544
四川省工业设备安装公司		780
四川省森环科技有限公司		12
四川省水利电力工程局有限公司		97
四川石油天然气建设工程有限责任公司	83	44
四川通信建设工程有限公司		1,069
特变电工（德阳）电缆股份有限公司	2,031	879
信息产业电子第十一设计研究院科技工程股份有限公司	2,939	1,420
中国成达工程有限公司	183,200	52,803
中国电建集团成都勘测设计研究院有限公司	5,884	10,069
中国电力工程顾问集团西南电力设计院有限公司	905	17,312
中国华西企业股份有限公司		215
中国化学工程第七建设有限公司	122,563	180,728
中国十九冶集团有限公司	22,319	10,881
中国石油集团川庆钻探工程有限公司	42,361	24,033
中国水利水电第七工程局有限公司		34,639
中国水利水电第十工程局有限公司	4,157	33,246
中国水利水电第五工程局有限公司		39,712
中铁八局集团有限公司	20,662	8,438
中铁二局工程有限公司	13,264	10,170
中铁二局建设有限公司	10,602	14,920
中铁二十三局集团有限公司		678
中铁二院工程集团有限责任公司	12,229	15,032

附表 8　续 36

单位：万美元

企业名称	新签合同额	完成营业额
中铁科学研究院有限公司	123	636
中铁隆工程有限公司		7,616
贵州省	**23,170**	**97,471**
保利新联爆破工程集团有限公司	2,393	383
贵阳铝镁设计研究院有限公司	29	371
贵州建工集团第七建筑工程有限责任公司		131
贵州省公路工程集团有限公司	17	264
贵州省交通规划勘察设计研究院股份有限公司		425
贵州送变电有限责任公司	394	2,283
七冶建设集团有限责任公司		3,486
中国电建集团贵阳勘测设计研究院有限公司	4,286	23,174
中国电建集团贵州工程有限公司		19,196
中国水利水电第九工程局有限公司		4,326
中铁八局集团第三工程有限公司		583
中铁五局集团建筑工程有限责任公司		10,491
中铁五局集团有限公司	16,050	32,357
云南省	**72,523**	**97,014**
国家电投集团云南国际电力投资有限公司	21,611	524
西南有色昆明勘测设计（院）股份有限公司		63
云南能投联合外经股份有限公司		6,774
云南省建设投资控股集团有限公司	45,431	51,676
云南送变电工程有限公司		674
云南耀荣电力股份有限公司	315	
中地海外路桥建设有限公司	156	12,695
中国电建集团昆明勘测设计研究院有限公司	938	2,521
中国能源建设集团云南火电建设有限公司		387
中国能源建设集团云南省电力设计院有限公司	3,955	169
中国水利水电第十四工程局有限公司	116	21,530
陕西省	**386,525**	**263,417**
华陆工程科技有限责任公司	800	1,179

附表 8　续 37

单位：万美元

企业名称	新签合同额	完成营业额
华山国际工程有限公司	61,874	9,390
机械工业勘察设计研究院有限公司		448
九冶建设有限公司		1,513
陕西化建工程有限责任公司		215
陕西建工集团股份有限公司	61,305	21,005
西安西电国际工程有限责任公司	18,465	21,189
西北电力建设第三工程有限公司		178
西北电力建设第四工程有限公司		549
西北民航机场建设集团有限责任公司		822
中国电建公司西北勘测设计研究院有限公司	241	4,156
中国电力工程顾问集团西北电力设计院有限公司	400	9,072
中国能源建设集团西北电力建设工程有限公司	2,685	1,179
中国启源工程设计研究院有限公司	736	156
中国石油集团测井有限公司	3,294	1,454
中国水电建设集团十五工程局有限公司		18,290
中国水利水电第三工程局有限公司	3,288	47,381
中交第二公路工程局有限公司		67,000
中交第一公路勘察设计研究院有限公司	723	2,718
中煤航测遥感集团有限公司		57
中铁宝桥集团有限公司	10,507	4,116
中铁二十局集团有限公司	89,750	15,954
中铁一局集团有限公司	132,456	35,395
甘肃省	**48,537**	**28,598**
八冶建设集团有限公司		525
甘肃地质工程总公司	658	585
金川集团工程建设有限公司	1,714	1,057
中国电建集团甘肃能源投资有限公司		3,732
中国甘肃国际经济技术合作有限公司	31,688	12,589
中国能源建设集团西北电力建设甘肃工程有限公司	123	138

附表 8　续 38

单位：万美元

企业名称	新签合同额	完成营业额
中铁二十一局集团有限公司	14,353	9,972
青海省		**17,614**
中国水利水电第四工程局有限公司		17,614
宁夏回族自治区	**10,199**	**8,204**
宁夏电力建设工程公司		2,261
宁夏交通建设股份有限公司	4,888	631
宁夏重工起重设备有限公司	5,311	5,311
新疆维吾尔自治区	**215,930**	**99,089**
克拉玛依市建业能源股份有限公司		168
特变电工股份有限公司	24,633	37,797
特变电工国际工程有限公司		1,413
特变电工新疆新能源股份有限公司		4,684
新疆贝肯能源工程股份有限公司		3,423
新疆交通建设集团股份有限公司		3,250
新疆金风科技股份有限公司	155,560	8,601
新疆凯盛建材设计研究院（有限公司）		174
新疆炼化建设集团有限公司		630
新疆七星建设科技股份有限公司		311
新疆送变电有限公司	352	5,431
新疆吐哈石油勘探开发有限公司	979	1,042
新疆正通石油天然气股份有限公司		865
中国能源建设集团新疆电力设计院有限公司	7,028	3
中国石油集团西部钻探工程有限公司	27,377	17,023
中国石油运输有限公司		2,266
中建新疆建工（集团）有限公司		11,997
中油（新疆）石油工程有限公司		12
新疆生产建设兵团		**47,879**
新疆生产建设兵团建设工程（集团）有限责任公司		41,422
新疆北新路桥集团股份有限公司		6,457

附表 9　2020 年中国对外承包工程新签合同额前 100 位的企业

单位：万美元

序号	企业名称	新签合同额
1	中国水电建设集团国际工程有限公司	2,857,638
2	中国建筑集团有限公司	2,550,641
3	中国铁建股份有限公司 *	2,510,514
4	中国港湾工程有限责任公司	1,544,384
5	中国土木工程集团有限公司	1,503,957
6	华为技术有限公司	1,232,779
7	中国中铁股份有限公司 *	1,184,299
8	中国葛洲坝集团股份有限公司	1,180,267
9	中国化学工程股份有限公司 *	496,012
10	中国冶金科工集团有限公司 *	474,788
11	中国交通建设股份有限公司	450,396
12	中国路桥工程有限责任公司	389,775
13	北京城建集团有限责任公司 *	261,235
14	中铁国际集团有限公司 *	243,546
15	中交一公局集团有限公司	234,755
16	中国建筑第三工程局有限公司	196,176
17	山东电力建设第三工程有限公司	193,354
18	上海振华重工（集团）股份有限公司	173,996
19	中国机械进出口（集团）有限公司	170,420
20	中工国际工程股份有限公司	166,469
21	上海电气集团股份有限公司	165,351
22	中国江西国际经济技术合作有限公司	160,379
23	东方电气集团国际合作有限公司	160,071
24	新疆金风科技股份有限公司	155,560
25	中国石油集团长城钻探工程有限公司	154,426
26	北方国际合作股份有限公司	143,909
27	中国石化集团国际石油工程有限公司	139,466
28	中国能源建设集团广东省电力设计研究院有限公司	139,272
29	中国石油工程建设有限公司	137,277

附表 9　续 1

单位：万美元

序号	企业名称	新签合同额
30	海洋石油工程股份有限公司	135,183
31	中国电力技术装备有限公司	122,967
32	中兴通讯股份有限公司	122,343
33	中国石油集团东方地球物理勘探有限责任公司	122,340
34	比亚迪汽车工业有限公司	118,141
35	特变电工股份有限公司 *	114,895
36	浙江省建设投资集团有限公司	109,302
37	中国石油管道局工程有限公司	107,119
38	中国电建集团山东电力建设有限公司	100,000
39	中国能源建设集团广东火电工程有限公司	94,653
40	中国能源建设集团天津电力建设有限公司	93,699
41	中国机械设备工程股份有限公司	93,208
42	清华同方威视技术股份有限公司	90,921
43	中信建设有限责任公司	89,232
44	中国电力工程顾问集团东北电力设计院有限公司	85,676
45	中国地质工程集团有限公司	85,390
46	中电投电力工程有限公司	85,269
47	中海油田服务股份有限公司	83,000
48	中国技术进出口集团有限公司	82,118
49	中交第三航务工程局有限公司	79,112
50	江西中煤建设集团有限公司	77,935
51	上海电力建设有限责任公司	73,873
52	大庆石油管理局有限公司	73,312
53	中国电建集团湖北工程有限公司	69,693
54	中地海外集团有限公司	67,343
55	中石化中原石油工程有限公司	66,080
56	中国水利电力对外有限公司	65,401
57	青建集团股份公司	64,087
58	武汉烽火国际技术有限责任公司	62,693
59	中国电建集团中南勘测设计研究院有限公司	62,629

附表 9　续 2

单位：万美元

序号	企业名称	新签合同额
60	华山国际工程有限公司	61,874
61	陕西建工集团股份有限公司	61,305
62	中国河南国际合作集团有限公司	57,683
63	中国电建集团华东勘测设计研究院有限公司	54,799
64	江西省建工集团有限责任公司	53,999
65	中国建筑第五工程局有限公司	53,076
66	中国能源建设集团山西省电力勘测设计院有限公司	50,571
67	威海国际经济技术合作有限公司	50,021
68	中国武夷实业股份有限公司	49,349
69	中国能源建设集团湖南省电力设计院有限公司	47,271
70	中石化南京工程有限公司	46,872
71	中国寰球工程有限公司	45,764
72	云南省建设投资控股集团有限公司	45,431
73	中国电建集团山东电力建设第一工程有限公司	44,225
74	上海鼎信投资（集团）有限公司	43,485
75	中国能源建设集团江苏省电力设计院有限公司	42,902
76	中国石油集团川庆钻探工程有限公司	42,361
77	江苏省建筑工程集团有限公司	42,272
78	烟建集团有限公司	42,013
79	惠生（南通）重工有限公司	41,337
80	中国华西企业有限公司	40,046
81	龙信建设集团有限公司	37,046
82	上海建工集团股份有限公司	34,236
83	平高集团有限公司	34,006
84	江苏恒远国际工程有限公司	33,000
85	华为海洋网络有限公司	32,933
86	中国电建市政建设集团有限公司	32,629
87	中国石油集团渤海钻探工程有限公司	31,735
88	中国甘肃国际经济技术合作有限公司	31,688
89	中材建设有限公司	31,648

附表 9　续 3

单位：万美元

序号	企业名称	新签合同额
90	威海建设集团股份有限公司	31,150
91	中国核工业第五建设有限公司	30,591
92	江苏扬子鑫福造船有限公司	30,302
93	山西建设投资集团有限公司	28,737
94	中建八局第一建设有限公司	27,994
95	中国石油集团西部钻探工程有限公司	27,377
96	中启胶建集团有限公司	26,332
97	中交第四航务工程局有限公司	25,035
98	中国江苏国际经济技术合作集团有限公司	24,013
99	重庆对外建设（集团）有限公司	23,944
100	中鼎国际工程有限责任公司	23,921

注：加 * 标注的企业数据为该公司及下属企业的合并数据。

附表 10　2020 年中国对外承包工程完成营业额前 100 位的企业

单位：万美元

序号	企业名称	完成营业额
1	华为技术有限公司	1,224,796
2	中国建筑集团有限公司	1,076,185
3	中国中铁股份有限公司 *	710,807
4	中国铁建股份有限公司 *	630,216
5	中国水电建设集团国际工程有限公司	557,166
6	中国港湾工程有限责任公司	538,317
7	中国交通建设股份有限公司	494,599
8	中国化学工程股份有限公司 *	422,402
9	中国路桥工程有限责任公司	382,241
10	中国石油工程建设有限公司	223,462
11	中国葛洲坝集团股份有限公司	210,334
12	中国土木工程集团有限公司	205,723
13	上海电气集团股份有限公司	174,441
14	中国冶金科工集团有限公司 *	166,837
15	中国中原对外工程有限公司	163,540
16	中国机械设备工程股份有限公司	156,117
17	中国电建集团核电工程有限公司	141,999
18	山东电力建设第三工程有限公司	140,548
19	上海振华重工（集团）股份有限公司	139,046
20	中信建设有限责任公司	124,205
21	中国建筑第八工程局有限公司	121,977
22	中国建筑第三工程局有限公司	114,879
23	中国石化集团国际石油工程有限公司	106,931
24	中国石油管道局工程有限公司	103,190
25	中国江西国际经济技术合作有限公司	102,364
26	中国电力技术装备有限公司	101,503
27	江西中煤建设集团有限公司	98,985
28	中兴通讯股份有限公司	96,183
29	中交一公局集团有限公司	94,126

附表 10　续 1

单位：万美元

序号	企业名称	完成营业额
30	哈尔滨电气国际工程有限责任公司	92,110
31	中国水利水电第八工程局有限公司	88,672
32	中交第四航务工程局有限公司	87,115
33	浙江省建设投资集团有限公司	85,216
34	北方国际合作股份有限公司	80,385
35	中海油田服务股份有限公司	78,274
36	中国水利电力对外有限公司	77,283
37	中国水产舟山海洋渔业有限公司	76,340
38	中国石油集团东方地球物理勘探有限责任公司	74,278
39	青建集团股份公司	68,532
40	上海电力建设有限责任公司	68,454
41	上海建工集团股份有限公司	67,367
42	中交疏浚（集团）股份有限公司	67,000
43	中交第二公路工程局有限公司	67,000
44	中国水利水电第十一工程局有限公司	62,462
45	中国石油集团长城钻探工程有限公司	60,854
46	中国地质工程集团有限公司	58,148
47	中国电建集团华东勘测设计研究院有限公司	57,915
48	中石化炼化工程（集团）股份有限公司	57,281
49	山东省路桥集团有限公司	56,900
50	中国技术进出口集团有限公司	54,546
51	中石化中原石油工程有限公司	52,456
52	中国山东对外经济技术合作集团有限公司	52,376
53	云南省建设投资控股集团有限公司	51,676
54	中交第三航务工程局有限公司	51,553
55	中国电建市政建设集团有限公司	50,746
56	江苏南通三建集团股份有限公司	50,725
57	中国机械进出口（集团）有限公司	50,654
58	威海国际经济技术合作有限公司	50,086
59	北京城建集团有限责任公司 *	50,080

附表 10　续 2

单位：万美元

序号	企业名称	完成营业额
60	中国能源建设集团天津电力建设有限公司	48,894
61	中国中材国际工程股份有限公司	48,021
62	中国华电科工集团有限公司	47,909
63	中国水利水电第三工程局有限公司	47,381
64	江苏省建筑工程集团有限公司	45,890
65	中工国际工程股份有限公司	45,535
66	烟建集团有限公司	45,000
67	中国河南国际合作集团有限公司	44,479
68	特变电工股份有限公司 *	44,264
69	海洋石油工程股份有限公司	43,627
70	中国能源建设集团广东火电工程有限公司	43,393
71	中交第四公路工程局有限公司	42,985
72	东方电气集团国际合作有限公司	42,787
73	中交第一航务工程局有限公司	42,472
74	中材建设有限公司	42,393
75	新疆生产建设兵团建设工程（集团）有限责任公司	41,422
76	安徽省华安外经建设（集团）有限公司	41,418
77	武汉烽火国际技术有限责任公司	41,041
78	中国江苏国际经济技术合作集团有限公司	40,577
79	中国水利水电第五工程局有限公司	39,712
80	中交第二航务工程局有限公司	39,397
81	江西省水利水电建设有限公司	38,440
82	中鼎国际工程有限责任公司	36,531
83	中国武夷实业股份有限公司	35,458
84	上海鼎信投资（集团）有限公司	35,252
85	中国水利水电第七工程局有限公司	34,639
86	华为海洋网络有限公司	34,468
87	中国电建集团山东电力建设有限公司	33,630
88	中国水利水电第十工程局有限公司	33,246
89	中地海外集团有限公司	33,168

附表 10　续 3

单位：万美元

序号	企业名称	完成营业额
90	中国石油集团渤海钻探工程有限公司	33,069
91	上海隧道工程股份有限公司	32,132
92	中国重型机械有限公司	31,714
93	中交路桥建设有限公司	30,990
94	中国寰球工程有限公司	30,975
95	大庆石油管理局有限公司	29,865
96	中钢设备有限公司	29,668
97	中国电力工程有限公司	29,231
98	北京建工国际建设工程有限责任公司	28,889
99	中国建筑第五工程局有限公司	28,376
100	中国电建集团中南勘测设计研究院有限公司	27,780

注：加 * 标注的企业数据为该公司及下属企业的合并数据。

附　录

对外承包工程业务统计调查制度

中华人民共和国商务部制定

国家统计局批准

2019 年 1 月

一、总说明

（一）调查目的

为科学、有效地组织全国对外承包工程业务统计工作，保障统计资料的准确性、及时性和完整性，充分发挥统计信息、咨询、监督作用，依照《中华人民共和国统计法》《中华人民共和国统计法实施条例》以及《对外承包工程管理条例》特制定本制度。对外承包工程业务统计的基本任务是通过统计调查、统计分析和提供统计资料，准确、及时、全面地反映对外承包工程业务的实际情况，为有关部门制订方针、政策提供可靠的数据支持，它是我国涉外经济统计的重要组成部分。

（二）统计调查范围

1. 对外承包工程指中国的企业或者其他单位承包境外建设工程项目的活动。本制度适用于我国境内的各级商务主管部门和发生对外承包工程业务的企业或单位（以下简称企业）。

2. 企业承揽的下列业务纳入对外承包工程业务统计：

（1）承包国（境）外工程项目。指企业按照国际上通行的做法，在国外及港澳台地区承揽和实施的各类工程项目。

（2）承包我国对外经济援助项目。指企业以投标、议标等方式承揽和实施的我国对外经济援助项目。

（3）承包我国驻外机构工程项目。指企业以投标、议标等方式承揽和实施的我国驻外使（领）馆等工程项目。

（4）企业自带设备，以收取设备使用费、技术服务费等形式承揽和实施的国外及港澳台地区工程项目。

（5）企业为实施承包工程项目出口的大型成套和机电设备，并负责安装和调试。

（6）企业在国外及港澳台地区承担地形地貌测绘，地质资源普查与勘探，建设区域规划，工程设计、生产工艺、技术资料和工程技术咨询，工程项目的可行性考察、研究和评估，工程监理，技术指导等经济活动。

3. 企业为承揽国（境）外承包工程项目而设立的境外企业承揽的符合上述 2 规定项目纳入承包工程统计。

（三）主要调查内容

对外承包工程业务统计报表包括对外承包工程业务情况表（CB1）、对外承包工程项目明细表（CB2）、新签交通运输建设项目明细表（CB3）和新签电力工程建设项目明细表（CB4）。其中主要指标内容包括：新签合同额、完成营业额、带动出口额、新签铁路（公路）项目线路总里程、新签电力工程项目装机容量、外派人数、月末在外人数、雇佣项目所在国人员数量、雇佣第三国人员数量等。

（四）统计调查方法

本制度采用全面调查的方法。

（五）调查频率及调查时间

调查频率为月报。调查时间为 1 日至最后一日。

（六）组织方式和渠道

1. 组织方式：对外承包工程业务统计实行统一领导，分级管理。

（1）商务部负责全国对外承包工程业务统计工作，管理各省、自治区、直辖市、计划单列市商务主管部门以及有关中央管理的企业（不包括在地方的中央管理的企业，以下简称中央企业，下同）的对外承包工程业务统计工作，审核、汇总、编制全国对外承包工程业务统计资料。

（2）地方商务主管部门负责本行政区域内对外承包工程业务统计工作，管理本行政区域内企业（包括在该行政区域内中央管理的企业，以下简称地方企业，下同）的统计工作，审核、汇总并向商务部上报本行政区域内对外承包工程业务统计资料。

（3）企业负责本单位的对外承包工程业务统计工作，编制统计资料并上报地方商务主管部门或商务部。

2. 对外承包工程业务统计报送渠道：地方企业报地方商务主管部门；中央企业报商务部；地方商务主管部门审核本行政区域内企业的报表后报商务部，同时抄报同级统计部门；商务部汇总全国数据后报国家统计局。

（七）质量控制

1. 企业要认真履行对外承包工程统计报表填报义务，明确统计责任，不得虚报、瞒报、漏报、重报统计数据。

2. 对外承包工程项目签约单位应协调好下属分包单位数据填报工作，确保统计数据质量。

3. 企业是否按照统计制度要求报送对外承包工程统计资料，已列入商务部市场监管执法事项“双随机、一公开”抽查内容。

4. 各级商务主管部门和企业应加强数据传输的现代化建设，充分运用网络传输手段，全面提高统计工作质量。商务部不定期对企业报送的统计数据进行核查，以保证统计数据的准确性和严肃性。

（八）填报要求

1. 月后 10 日内，由调查范围内企业通过登录商务部业务系统统一平台（http://ecomp.mofcom.gov.cn）—对外投资合作信息服务，填报前一个月的数据。

2. 本制度使用的国别（地区）统计代码，按国家统计局制定的《国别（地区）统计代码》执行。

（九）统计资料公布方式

1. 对外承包工程业务统计数据由商务部定期发布，月度数据于月后 25 内，通过商务部政府网站（http://www.mofcom.gov.cn）或商务部例行发布会对外公布，主要指标包括新签合同额、完成营业额等。

2. 在确保国家机密和企业商业秘密不泄露的前提下，严格按照《中华人民共和国统计法》及其实施细则和国家有关规定，与其他政府部门共享对外承包工程业务统计资料。

3. 商务部可根据业务发展的实际情况，对月度对外承包工程业务统计数据进行调整，对外提供的对外承包工程业务统计资料，以商务部发布的统计资料为准。

二、报表目录

表号	表名	报告期别	填报范围	报送单位	报送日期及方式	页码
CB1	对外承包工程业务情况	月报	发生对外承包工程业务的企业	发生对外承包工程业务的企业	月后 10 日内，网络传输	7
CB2	对外承包工程项目明细	月报	同上	同上	同上	8
CB3	新签交通运输建设项目明细	月报	同上	同上	同上	9
CB4	新签电力工程建设项目明细	月报	同上	同上	同上	10

三、调查表式（略）

四、主要指标解释

1. 对外承包工程的界定：根据《对外承包工程管理条例》，对外承包工程是指中国的企业或者其他单位承包境外建设工程项目的活动。

对外承包工程项目分为十一大类：一般建筑项目、工业建设项目、制造加工设施建设项目、水利建设项目、废水（物）处理项目、交通运输建设项目、危险品处理项目、电力工程建设项目、石油化工项目、通信工程项目、其他。各小类见附录（一）。

2. 统一社会信用代码：指按照《国务院关于批转发展改革委等部门法人和其他组织统一社会信用代码制度建设总体方案的通知》（国发〔2015〕33 号）规定，由赋码主管部门给每一个法人单位和其他组织颁发的在全国范围内唯一的、终身不变的法定身份识别码，由十八位的阿拉伯数字或大写英文字母（不使用 I、O、Z、S、V）组成。

已经领取了统一社会信用代码的法人单位和产业活动单位必须填写统一社会信用代码。在填写时，要按照《营业执照》（证书）上的统一社会信用代码填写。

3. 企业性质：指根据企业实收资本中某种经济成分的出资人实际出资情况对企业进行分类，按国家统计局2005年发布的《关于统计上对公有和非公有控股经济的分类办法》执行。

4. 新签合同额的界定：指企业在报告期内签订的合法有效的对外承包工程项目合同的金额。

（1）对外承包工程项目新签合同额按企业与国（境）外业主签订的合同文本所规定的金额统计。

（2）企业必须根据项目的合同文本或其他合法有效文件填报新签合同额，并以合同文本规定的正式生效日期为统计日期。

（3）新签合同额以美元作为计算单位。

项目合同以非美元计价的，若合同规定了对美元折算率，其新签合同额按合同规定的折算率折合美元计算统计；若合同未规定对美元折算率，须按所签合同生效当日所在国家（地区）官方规定的合同计价货币对美元折算率的中间价折合美元计算统计。

（4）企业与国内或国（境）外企业联合中标的项目，其新签合同额按其实际实施的部分计算统计。

（5）企业与国（境）外业主签订项目合同，但施工地点在第三国的，则以施工地点为国别统计该项目。

（6）以实物形式支付的项目新签合同额按合同中所列实物的数量，乘以报告期内拟销售地市场价格并折合美元计算统计。

（7）当年签订的合同发生变更，应根据业务部门的变更通知，在本年度下一报告期调整合同金额，并加以说明。以往年度的合同发生变更，在本年度和历史统计资料中均不予调整。

（8）报告期内对往年合同签订补充合同时，视同新签合同。

（9）企业之间以总包、分包方式实施的对外承包工程项目，其新签合同额由与国（境）外业主签订合同的企业统计。

5. 完成营业额的界定：指企业在报告期内完成的以货币形式表现的工作量。

（1）对外承包工程项目完成营业额按承包方编制的经现场监理工程师或项目总监审核签字的工程进度证明等计算统计。

（2）企业必须根据提交给业主据以结算项目款项或反映报告期项目工作量的有效凭证或单据填报完成营业额。

（3）完成营业额以美元作为计算单位。

项目合同以非美元结算的，若合同规定了对美元折算率，其完成营业额按合同中规定的折算率折合美元计算统计；若合同中未规定对美元折算率，须按报告期第一日所在国家（地区）官方规定的合同计价货币对美元折算率的中间价折合美元计算统计。

（4）企业与国内或国（境）外企业联合中标的项目，其完成营业额按其实际完成的工作量统计。

（5）企业之间以总包、分包方式实施的对外承包工程项目，其完成营业额由项目实施企业统计。

6. 设计咨询：指新签合同额和完成营业额中企业承担地形地貌测绘，地质资源普查与勘探，建设区域规划，工程设计、生产工艺、技术资料和工程技术咨询，工程项目的可行性考察、研究和评估，工程监理，技术指导等部分的金额。

7. 项目实施地点：指实施对外承包工程项目所在国家（地区）的具体省份（州、地区或离项目实施地点最近的城市）。

8. 签约日期：指对外承包工程项目的签约日期。

9. 对外签约单位：指与国（境）外业主签订合同的企业。

10. 项目实施单位：指具体实施对外承包工程项目的企业。

11. 业主：指与企业签订对外承包工程项目合同的项目发起人。

12. 外派人数：指企业在报告期内派往国（境）外执行对外承包工程项目的人数。

13. 月末在外人数：指报告期末企业在国（境）外执行对外承包工程项目的

人数。

14. 月末雇用项目所在国人员数量：指报告期末企业在执行国（境）外工程项目中所雇用项目所在国各种劳务人员数量。包括项目的管理、施工、后勤人员等。

15. 月末雇用第三国人员数量：指报告期末企业在执行国（境）外工程项目中所雇用的扣除本国及项目所在国人员以外的各种人员数量。包括项目的管理、施工、后勤人员等。

16. 派出人数、月末在外人数的统计界定原则：

（1）派往本企业签约承揽的境外承包工程项目人员纳入外派人员、月末在外人数统计。

（2）向本企业境外企业签约承揽的境外工程项目派出本企业自有人员纳入外派人员、月末在外人数统计。

（3）派往本企业分包的境外工程项目人员纳入外派人员、月末在外人数统计。

（4）本企业的境外企业与对外劳务合作企业签订劳务合作合同招用的人员不纳入承包工程外派人员、月末在外人数统计。

（5）派往境外注册的承包工程项目公司、办事处、代表处的常驻人员不纳入承包工程外派人员、月末在外人数统计。

17. 外派人数、月末在外人数的计算原则：

（1）外派人数、月末在外人数以人作为计算单位。

（2）外派人数、月末在外人数由统计该项目完成营业额的企业统计。

（3）企业之间以总包、分包方式实施的对外承包工程项目，其外派人数、月末在外人数由统计该项目完成营业额的企业统计。

18. 带动出口额：指为完成对外承包项目而带出国(境)外的各种设备、材料的出口总额。

19. 预计带动出口额：指企业通过签订、实施交通建设类、电力工程建设类项目拟带动我国各种设备、材料出口总额。

20. 承包工程项目的资金来源：指企业承揽工程项目工程款的来源方，包括项目所在国政府、世界银行、其他区域性金融机构、中国政府援外项目款项、中国政府优惠出口买方信贷、业主自筹等。

21. 承包工程项目承包方式：包括（1）传统承包方式，指企业与业主签订的仅是施工合同;（2）总承包方式，指企业与业主签订的是设计—建造（D&B）或设计—采购—施工 (EPC) 合同;（3）项目融资方式，包括特许经营（BOT 及其衍生方式）类项目，公私合营（PPP）类项目等;（4）其他，除以上范围以外的承包方式，如设计咨询。

22. 承包工程项目分类的确定：

（1）如同一项目涉及两个或以上的项目大类，合同额可以根据合同文本进行拆分的，则分别进行分类项目统计。

（2）如同一项目涉及两个或以上的项目大类，合同额无法根据合同额进行拆分的，则按项目主要类别（即合同文本中合同额比重最大的）进行工程项目分类统计。

（3）与采矿业相关的地质勘查（含数据采集等）纳入“其他”工程项目类别进行统计。

（4）矿山工程建筑（含坑道、隧道、井道的挖掘、搭建等）项目纳入“其他”工程项目类别进行统计。

23. 线路总里程：指合同文本规定的公路、铁路项目的路面或铺轨总长度（包括桥梁、隧道等），以“公里”作为统计单位。

24. 装机容量：指该电站系统按合同文本规定安装达到的发电机组额定有功功率的总和。

后 记

《2020年度中国对外承包工程统计公报》是中华人民共和国商务部依据《对外承包工程业务统计调查制度》，通过对中国企业或其他单位承包实施境外工程项目活动情况进行统计调查，汇总生成的反映2020年度中国对外承包工程业务全貌的最终统计结果。

本公报由商务部对外投资和经济合作司组织编写，王胜文担任主编，韩勇担任副主编，陈明霞、马萱峰、郭智广、李林懋、杨法皓主笔，晏春、刘立英、张金茹等参与基础数据核查和文字校对等工作，在此一并致谢。